欧洲文艺复兴史

蒋方震 著

序

余與百里遊歐偕歸，百里著歐洲文藝復興史。及成索余序。余曰：『文藝復興者，由復古得解放也。果爾，吾前清一代，亦庶類之。吾試言吾國之文藝復興而校其所以不如人之故可乎？』百里曰：『善。』余本此意爲序，下筆不能自休，及成，則篇幅與原書埒。天下固無此序體，不得已宣告獨立，名曰「清學概論」，別索百里爲余序。然對於百里之諾責，不可不踐也，故更爲今序。

序曰：吾儕歐遊中，百里常昌言於儕侶曰：『吾此行將求曙光。』儕侶時輒戲詰之：『曙光已得乎？』曰：『未也。』如是者數四。及將歸，復有詰者。百里正色言曰：『得之矣。』至所得爲何等，則未嘗言，吾儕亦殊無以測其淺深。及讀此書，見其論歐洲文藝復興所得之結果二：『一曰人之發現，二曰世界之發現。』意者百里之得「曙光」其亦新有所發現於此二者耶？夫「世界」則自有世界以來而卽存在者也，「人」則自有人以來而卽存在者也。而人乃以爲歐人於文藝復興後始發現之，則前乎此未嘗發現也；而他族之未經「文藝復興的」之磨鍊解放者，皆其未嘗發現者也。吾民族其已有此發現耶？否耶？吾甚難言之。雖然，亦在乎求之而已矣。吾儕處漫漫長夜中垂二千年，今之人皇皇然追求曙光饑渴等於百里者，不知凡幾也。不求而得，未之前聞；求而不得，亦未之前聞。歐洲之文藝復興，則追求之念最熱烈之時代也。追求相續，如波斯盪，光華爛縵，迄今日而未有止。吾國人誠欲求之，則彼之前躅，在在可師已。然則此書者，吾不敢徑指爲百里所得之曙光，然吾有以窺其求曙光所由之路也。百里自言此書根據法人白黎許氏講演。此講演吾實與百里同聽受，本書不過取材於彼云爾。至於論斷，則皆百里自攄其心得。吾證其爲極有價值之作，蓋述而有創作之精神者也。

民國九年十二月三十一日梁啓超

歐洲文藝復興史目錄

歐洲文藝復興史

導言

當十五六世紀時，歐洲諸民族間，發生一種運動；起源於伊大利，傳播於英法，而終及於日耳曼；是爲中古時代與近世時代之蟬蛻。歷史家名之曰 Renaisance 譯言再生也。東人則譯爲文藝復興。此種歷史上研究，於今日之中國，則有特殊必要之原因二。

其一。以近世之文化言，則各種事業，皆以文藝復興爲其發祥地。文藝美術爲思想之結晶體者，無論矣；卽近世之政治學術，苟一一窮其源而溯之，實無不發軔於此十四五六三世紀之間。自個性之靈光發萬丈；用之於外延，而國家之形式成焉；用之於內包，而革命之事業生焉；爲問此個性之發達於何始？曰始於文藝復興。自理知之刃，脫穎而出；

其方向之趨於自然者，則科學之基礎立焉；其方向之趨於人生者，則哲學之門徑闢焉；爲問此理知之發展於何始？曰始於文藝復興。數年以還，天下津津道西洋文化矣；不追窮其所自；隨其流，掇拾一二，且欲從而實施於社會國家焉；復何當於事乎。此則自研究上言有特殊之必要，一也。

其二。以中國今日之地位言；則社會蟬蛻之情狀實與當時歐洲有無數共同之點。綜其著者；一則新理性藉復古之潮流，而方向日見其開展；（漢學以尊古相標榜，其末流則尊諸子於經傳，而近世首發攻擊舊學之矢者，實導源於今文派。且但丁Dante以伊文作詩，路德Luther以德文譯經，是卽歐洲之所謂國語文學也。而二人之古學皆極粹。）一則舊社會依個性之發展，而組織日見其弛緩；（如近時家庭社會問題皆是）其間衝突俶擾之現象，與夫發揚蹈厲之精神；實與當時有聲氣相求歌哭與共之致察往以知來覘人以律己則可知文化運動之來源有所自，而現狀紛紜之不可免且不足悲也。此則自反省方面上言有特殊之必要，二也。

雖然；歐洲文藝復興之史實，其源遠，其流亦長。今欲着手爲綜合的研究，必須有兩種預備之知識。一爲歷史上之知識；史之事實，若水流然；今吾於其中間，截一片斷，爲局部之研究；而不明乎來龍去脈；則本體不明瞭，而轉生誤解。一爲地理上之知識。思想，猶光也；環境，則比空氣。光之波動，依其透過之空氣之不同，而異其色彩；思想之發展，亦依其環境之不同，而異其趨向。明乎地理，則識其流之所以異；卽可以知其源之所以同也。

以文化之眼光視歐洲歷史，則可別其複雜之要素爲二大流。一曰希臘思潮 Hellenism 一曰基督思潮。Hebrewism 是二流者極端相反，而交互焉而錯綜焉，此勝彼敗，以成三千年之史實。東人廚川氏有兩思潮不同之對照表，極簡潔，茲錄如下。

基督思潮	希臘思潮
靈的禁慾的，	肉的，本能的
知神	知我
絕對服從	個人自覺
教權主義	自由主義
天國，神本位	現世，人本位
利他主義	自我之滿足
超自然，主義	自然主義
宗教的，道德的	智識的，藝術的
信仰，獨斷	科學，懷疑，實驗
主觀傾向	客觀傾向

希臘思潮者，發源於二千六百年前，當雅典彼利格利 Pericles 時爲極盛；蓋理、知、情、感、得其平也。及雅典之衰，繼以羅馬；則一變而爲極端之利己肉慾主義。其弊也，淫蕩驕奢殘忍之風熾；於是反動起，而基督福

音，乃適爲救時之良藥。基督既以身殉矣！經三四百年而教大盛；然一尊定而流弊起；其極也，僧侶壟斷學問，以愚民爲事，拘拘於儀文禮節之末，而根本之精神盡失；人也者，名曰神之僕，而實爲僧侶之奴隸；此歷史家所稱爲中古時代之黑暗者也。於是千年來伏流之希臘思潮；又乘時橫決以出；而生面別開。此則所謂文藝復興也。重理知，尚自然，此則近世科學之所由興也。尊個性，尚自由，此則近世政治組織之所由來也。

以歐洲之地理言：亦有南北二宗之大別。北歐之天灰色；南歐之天藍色；北歐之樹木蒼古；南歐之花草秀媚；北歐怒濤激浪，風急天高；南歐天朗氣清，白沙碧浪；北歐冷，南歐熱，故其爲人也；北歐偏於憂鬱，强於志而習勞苦；南歐偏於開爽，富於情而耽逸樂；故南歐多他殺，個性强也；北歐多自殺，悲觀之結果也；北歐野，南歐文，北歐霧深，外界之輪廓不明瞭，且少色彩變化，故感覺之方面鈍，心不誘於外物，而內省反觀之時多；故富於宗教哲學性。南歐空氣清淨，外界之輪廓顯，印象之變化多，故人心傾向於外界，感覺界之刺激烈，而官能銳；故富於音樂詩歌性。故等是宗教之解放也：在南歐則復希臘之古，而爲異教的；北歐則復耶穌之古，而爲原始宗教的；此一則所謂文藝復興，一則所謂宗教改革，同源而異流者也。

要之文藝復興，實爲人類精神界之春雷。一震之下，萬卉齊開。佳穀生矣，莠稗亦隨之以出。一方則情感理知，極其崇高。一方則嗜慾機詐，極其獰惡。此固不必爲歷史諱者也。惟綜合其繁變紛紜之結果，則有二事可以扼其綱：一曰人之發見；一曰世界之發見。"The great achievements of the Renaisance were the discovery of the world and the discovery of man"人之發見云者，卽人類自覺之謂。中世教權時代，則人與世界之間，間之以神；而人與神之間，又間之以教會；此卽教皇所以藏身之固也！有文藝復興，而人與世界，乃直接交涉。有宗教改革，而人與神，乃直接交涉。人也者，非神之罪人，尤非教會之奴隸，我有耳目，不能絕聰明；我有頭腦，不能絕思想；我有良心，不能絕判斷；此當時復古派所以名爲人文派 Hŭmanism 也。

世界之發見云者，一爲自然之享樂；動諸情者也。中世教會，以現世之快樂爲魔；故有旅行瑞士，以其山水之美，而不敢仰視者；而不知此不敢仰視之故，卽愛好之本能；無論何時何地，均可發展者也。一爲自然之研究，則動諸知者也。中古宗教教義，以地球爲中心；有異說則力破之；然事實之不可誣也！有歌白尼之太陽系學說，有哥侖布美洲之發見，於是此世界之奇蹟，在在足以啓發人之好奇心；而舊教義之蔽智塞聰者益無以自存矣。

茲編所述，爲旅歐時法國巴黎大學圖書館主任 Smédée Britch 氏所臨時講演者；其敘述雖不過大體，而頗能扼其要。因參酌羣書以補成之。或者於今日之所謂文化運動者，有一得之助歟？

歐洲文藝復興史

第一章　總論

Renaisance直譯爲再生，東譯爲文藝復興。歐洲史家，於此「再生」之原文字義，亦多有言其不適者；今姑存其舊名，爲當時諸民族運動之一種代表符號。而爲敘述便利計，則分廣狹二義言之。

狹義爲美術、上之文藝復興；即中古時代之美術，受希臘羅馬（後總稱爲古典）藝術上之影響而大放光明之謂。十二世紀之美術，不知、全體之學，顏面雖有活氣，而手足細長，缺均整之美；不知、距離、法，故遠近大小之投影不明瞭，蓋以宗教上輕視現世之風，其弊也乃對、於、自然界，不能下、深沉、之觀察。迨十五世紀而文西Leonard de Vinci而米格安治Michelange Buonarroti而拉飛耳Raphael Sánzio三人出，則於「神」「人」之際會，其通：不棄人而言神，而藉人以顯神；不尊靈而棄物，而藉物以識靈。於是美術界成空前絕後之觀。此種運動，始於十五世紀佛落蘭市，Florence而結束於十六世紀威尼斯Venis於伊大利，爲極盛；次及於法，及於德國南部，迨十七世紀，乃北及於荷蘭；惟北德與瑞典那威，則未受其影響。是爲美術上之文藝復興。

此種美術上之改革，蓋亦非一朝一夕之故。中世紀北派峨特式Gothique美術由教堂而進建墓碑；已有刻象以爲紀念者；則自然寫真之萌芽也。其流入於北歐者，則因放肆而變爲凡庸；入於南歐者則經古典藝術（卽希臘羅馬之藝術下倣此）之洗鍊陶鎔，而神妙乃出。故美術家認古典爲文藝復興之師，而非其母；有由然也。

廣義爲思想上及文學界之文藝復興，十五世紀爲伊大利，十六世紀爲法國，不僅思想變；乃至於性情云爲；亦無一而不變。中古人支配於宗教觀念，輕現世，重來世，言靈魂，輕物質，言刻苦，禁慾，斥美術；雖然，官能者，有生之所同具也！雖以寂聊僧院之深，其愛好天然之聲，時或隨神祕之晨鐘，越高牆而騰乎大地。觀於中世紀之傳奇，如法之奧古聖與尼各來 Aucassin et Nicolatte 德之但忽純 Tanhauser 猶為後世傳奇派言情之絕好材料，可見也。故一經刺激，而伏流乃湧；知有生之可樂而美術觀念强。此其一也。中古時個性不發達，其個人生活，附屬於團體以自存，精神上，有宗教之束縛，物質上，受封建制度之壓迫。迨市府之興，武士衰而市民之權張，則個性之觀念强，即團體生活一一依個人生活為根據。此其二也。

故以廣義言研究文藝復興；即研究歐洲現代文化之由來是也。惟應注意之點有三：

一不可有成見　人動謂中世紀為黑暗時代，此則僅指教會封建之壓迫言耳，其實如法國聖路易時代，其文化亦曾大放光明。不過因百年戰爭而遂衰歇耳。可知文藝復興，一方面對於中古為繼承的非突發的。一方面對於古典，為創造的非模仿因襲的也。

二不能專注重伊大利　伊大利固為文藝復興之源，然北歐人之事業亦大有可紀者，社會政治之組織，與伊大利之關係較淺。

三不可專注意美術文學　民族生活，不僅在美術文學，如政治科學之進步，亦當研究其關係，不過美術文學為當時生活之反影，研究者當藉影以求其本體。

十三世紀之歐洲社會，為單純統一的。政治上無國界，學說上無異宗，一一統率於教皇之下。社會之組織亦一律。政治上之機能為封建。道德之標準為基督。迄十五世紀則此局破，而各民族之特性，漸漸為一種具體之表現，而形成南北二宗。南宗為伊大利，北宗為英德法，是時北則繼承中古文明而更發達，南則復希臘羅馬之古而成中古文明之反動。

北歐文明之中心，在佛蘭達 Flandre 及其附近。勃魯格 Brnges 爲商業之中心，根特 Gand 魯燔 Louvin 之繁盛，亦不亞於佛洛蘭市。惟當時無大史家，故乏記載。其精美之製作，繁華之建築，經兵燹而日衰。(經十六世紀之聖像破壞黨毀壞者；最多非考古家之勤爲搜討，則其盛况幾湮沒不彰矣)；非若南歐，有史家爲之記載；易爲後人所頌禱也。

南北之性情不同，故文化之表現亦異。北歐沉鬱真摯，故宗教之信仰深；且爲基督原始時代之信仰。於教皇之儀式的宗教，不甚注意，於文藝復興時代教皇奢侈華美之風，尤爲反對；以此故，遂演成宗教改革；Reformation 則直可謂北歐之文藝復興也。

北歐人重實際生活；故積其愛家族，愛國家，愛故鄉，愛習慣之情，而成一種鄉土觀念；此觀於荷蘭之畫與彫刻，能表現其本地人之特別生活與感情者；可見也。反之，南歐之藝術，則爲普遍的。近世政治社會之組織，實爲北歐人所創造，民族統一，國家統一之觀念，則法人創之。人民自由則英法人共倡之。此則創造而非復古也。

北人富於創造力，其事實多出於自動，當時有三大發明：

一油畫　油畫以其色之原料，不易於互滲；而色澤濃淡之差甚著；故於光，影，陰等極複雜之變化，能任意表現之，而用益廣。十四世紀之中葉，發明於荷蘭；至望愛克 Von Eyck 而大成。

二木彫　初以畫聖像太難，以木彫者代之；之後則各種裝飾品隨之起，始於比利時，盛於德國。

三印刷　發明於德人哥登堡 Guttenberg 初印聖經，政府以爲僞造也，禁之；後乃流傳至威尼斯而大盛。則於知識之傳播生大影響矣。

是時依十字軍之賜，商工業已極發達，南北二方，於物質上享用之慾求日益增。於是求闢新地，而印度，遂爲歐人理想之黃金國。然南歐人依其歷史之關係，求之於東。北人則依其理想，求之於西。於是美洲發見，遂爲十五世紀空前之事業。哥倫布，西班牙，葡萄牙，其人其地雖皆爲南，而文化思想，則實受北方之影響也。

要之十五世紀中，北歐中歐之政治，社會，經濟，宗教，均獨立發展，未受南人及古典之影響。而其方向已日趨於近世的。惟其缺點有二：一爲文學上無一定之主義以指導其思想，一爲美術上無善美之形式以發達其情感，是二者則勢不得不求益於南人。

南歐，於中古爲教權極盛時代，而伊大利，承羅馬人之後，其非宗教之分子甚多，伏流亦不弱。故其復古也，實民族之特性，與歷史之關係使然也。

是時發達最盛者爲佛洛蘭及威尼斯二州，自商工業以至政治之組織，社會之生活，凡人類活動之事業，無不爲空前之發展。其複雜生活之結晶，則現之於文學於美術。其盛況亙二百年之久，其情狀亦非可以一語了之，顧此蕃變運動之精神上發端則實起於復古。

是時醉心希羅之風，幾成爲熱狂。彼脫拉 P(traryue 言拉丁文必爲將來統一之世界語，而巴克 Pogge 責但丁不以拉丁文著書，樸加斯 Boccace 言詩才美術當以古典爲宗，馬基雅弗利 Machiavel 之衞隊，俱服羅馬之古裝。乃至一般公私之生活，自起居飲食，乃至於姓名，亦有改用希臘羅馬字者，此風至十五世紀達最高度，一般人均承認之。所謂人文派者 Humanism 是也。

南北二種文化，以商業爲媒介而互爲交通。十六世紀前威尼斯與漢堡，Hambürg 但切 Danzig 間已有定期航路。至十六世紀下半期，則南北文化實成互助之形。日耳曼佛拉孟人，有留學於伊大利，而北方之畫與彫刻亦輸入於南方。伊人當時，亦並不輕視北方文化，如拉勃來 Labelais 所識為霧圍文化 Nord fut enveloppé d'un brovillard gothique 者。法國處南北二種文化之間，當十五世紀時，南派正當萌芽，北派亦未曾衰歇，（法人受北化甚久，當佛蘭特兵燹之時，法王族尚領有提農 Dijon 及柏魯格 Bruges 時北方文化未衰，而與伊大利亦有關係，一為商人之貿易，一為君主之聯姻，故中古文明與古典文明，二者均為法人所重）處可以調和之地，又當可以調和之時，而竟不能盡調和之責者，則戰爭為之梗也。時英法之戰，亙四十餘年，故精力衰歇，而文化大墮，此真讀史者所為扼腕不止者也。

千四百十五年英法戰爭之起也，國民之生計無論矣，即舊有之美術品，亦散之四方。文字亦一變而爲獷野。平和以還，小形美術Miniaturiate派之風尚稍變，至十五世紀中葉而有約翰孚格Jéon Fouyuet則幾如碩果，而以較當世如火如荼之伊大利則瞠乎後矣。千四百九十四年法軍侵伊，以北方之刻苦，經南國之華奢，則以爲人生之至美者莫如伊。而汲汲焉效之惟恐或後。當其始其文化之精者，未能領會也。徒慕其外觀華美而已。繼乃及於精神界；而古、典、文學以興。於是文藝復興之事業，乃由法而波及於全歐。伊、法、之、役，政治上爲法人干涉伊人之始，文化上爲伊人征服法人之始。北人較南人爲深沉，其對於外來之文化抵抗較强。惟法於戰後，元氣衰歇，故十五世紀之後完全爲南方所同化。其結果有二：一爲美術觀念之發達，一爲古典文學之流行。然法人因此中古文化遂以中斷。而人民分爲識字與不識字之二階級，是其弊也。

第二章　伊大利之文藝復興（上）

所謂文藝復興者，有復古之義；而事實上則分爲二種：一爲脫離宗教關係，一爲發生新理想之生活，惟欲知其發生之由來，則當時形勢，有不能不先爲詳述者：

一政治　當時政治上有三種人物，其生活皆與宗教不能並存者。

甲曰君主　卽各市之似君主非君主似總統非總統以武力金錢自致之首領是也。而其間最足研究者，爲佛洛蘭及米蘭二市之首領，此種統治者之性質，與封建之諸侯異，與英法之君主亦異。蓋諸侯君主或稱天以治，或依世襲而得，其權皆得自天然；而此則全恃金力或武力，以功業自致顯位；其權得自自己之創造。其武力成功之代表者；爲米蘭市首領。米蘭本爲共和政治，爲朗擺地 Rombardi 地方之霸者；先是帝黨（政治）皇黨（教皇）之衝突也，市內各豪族之黨爭甚烈；一三九五年，維斯根底 Visconti 族，旣握政權，獻金於帝，遂得公爵。至一四四七年，又革命，立傭兵大將司伏亞爲米蘭公；France-sco Sforza 以雄武聞者也。其金、力、成、功之代表者、爲佛洛蘭市首領，初亦爲共和政治，有哥斯姆梅提西者 Cosmo de Medici 銀行家也，以巨富稱；其爲人聰明高潔，得人民之信仰，遂握政權，名曰共和，實則專制也。祖孫三代，相繼爲政，外交則維持各市之勢力平均，內治則獎勵文藝美術；其孫後以政略故，屢與教皇衝突，而卒以外援定其位；則以文治成功者也。

當時文學家馬基雅弗利著書曰帝王論 Le Prince 實當時之紀實文也。中有云「道德者何，成功而已矣。帝王能力有二種：一曰獅，言武、力、也；一曰狐，言詐、術、也；而成、功之基礎，在忍、耐（今日不成期以明日）在殘、忍。（寧我負人毋人負我）所貴乎人者，非王則寇，決不爲中間人物。」卽羅馬之該撒主義是也。拿破崙最發揮之，爲極端之個人主義。此種思想，普及於一般社會，故人皆重武力，尚欺詐。有一少年曰，我不畏死，惟求名譽永存！有無故殺人於市者，則譽之曰勇士！不得以尋常法律道德律其罪！

乙曰軍人　卽傭兵實卽盜也。當時人民不得有武器，而盜則有之。且多財。以戰爭爲其專門職業，可以隨時雇傭，兩軍相持，視金錢之多少以爲軍隊之向背者，史頗有之。千四百二十七年羅馬之戰，防者攻者皆此一類人也。

傭兵制度與當時市府發達至有關係。蓋十字軍之遠征，伊大利實爲其後方主要兵站。需要繁興；而商業日盛。於是西歐之經濟權，實握於伊大利·諸州之掌握。騎士之衰也，依其蔑視平民之習慣，常出而强取人民之財物。故市府商民目之爲盜，而思有以抗之。則以金錢傭人爲兵。會東方發明之火藥至，易戈矛爲火器，使用之術，益簡易。騎士之長，失，而傭兵制日益强固，市府之力益鞏固不可復侵。其盛也乃成各市同盟（如漢瑟Hansar同盟之類）而中流社會之勢力遂爲近世立憲政治發展之根本。

丙曰政客．即外交家，每一市府必有一大師，能雄辯，以縱橫之術見長。用多數祕密偵探，互相監察，其偵探之中心在羅馬。教皇左右皆偵探所包圍。最著名者爲威尼斯之大師某，教皇病時，每日有五使報告云。（此種報告，今尙有存者，其細密周緻可驚也。）馬基雅弗利以其雄辯詭智，實爲此種人物之代表。故人或名此曰馬基雅主義，言外交術之始祖也。馬氏勢力越亞耳伯山Aleper以北，普及於西歐。其人實爲愛國者，其眼光不僅注意於國內各市府之關係已也。

二宗敎　各市府雖極發達，而當時半島之中心，則仍在羅馬。蓋一以地理上之關係，一以宗教上之勢力故也。然宗教勢力則日就衰落。其原因則中世紀宗教界有數大事失敗：

一爲十字軍之失敗　事實上爲戰爭之失敗，精神上則西、人與東、方、交、通、受其文化之影響，乘宗教熱之反、動而、懷、疑、思、想、以、起。

二爲教皇欲收希臘教會之失敗　基督教有東宗，以希臘爲根據；有西宗，以羅馬爲中心；一四三八及三九年之間兩開會議；於宗教上無結果，而希、臘、學、說轉藉、以、宏、布、於、西、方。

三法國主教勢力日大不受教皇之節制

四巴愛姆 Boëhme 地方新教義勃興　當時有約翰虎司 Johane Huse 倡新教爲教會所焚死，其徒黨騷亂，一時不能鎮定。

教皇以宗教勢日衰，乃欲發展其政、治、上、之、勢、力，而教皇宮、廷、遂爲伊大利內、政、外交之、鎖、鑰。惟教皇與諸侯較，勢力有一大缺點，則諸侯依世襲，其系統較純粹，而地位較穩。教皇則選舉，其系統不易一致，故各代教皇各自汲引其徒黨爲主教，以自成一統系。其結果有以强盜出身而爲主教者，而教會聲譽日益衰矣。

教皇、選、舉會爲當時陰、謀、之、中、心、有舊皇派，有新皇派，各宣布其敵人之罪狀於羣衆。各大主教各恃其政治上之外援，以爲後盾。外結諸侯，內養亡命。每一出則以武士環之，畏暗殺也。上行下效，於是各小主教之腐敗作惡，有出人意表者。故路德一至羅馬，乃大驚失望，及其歸而叛宗之志遂決。半島之人民亦皆不承認有僧侶之一階級，而人人自以爲直接於上帝矣。

三風俗　政治、宗教之形勢既如彼，而流風所煽及於社會，則風俗之壞亂是已，約舉之有數端，

一淫亂奢侈　物質之需要盛，而縱慾自恣者，恬不爲怪。以成功不吃虧爲道德之標準。教皇君主，其侈尤甚。如彼得寺費數千萬之金錢，卒以起宗教革命其例也。

二迷信　信仰衰而迷信起，如馬基雅弗利信星之勢力。教皇保羅第三 Paul III 則信星學。教皇亞力山第六 Alexandre VI 則信預言，信巫，而魔術神鬼，日出不窮。（德士瞿提所著福司得 Doctor Faust 爲魔術大家實有其人與路德同時）

三殘忍　社會視强暴爲固然，如演說家尤司梯 Ginstinian 在羅馬見慘刑以爲如酒後縱談之樂。大教主希保利 Hippolyte d'Esta 以爭寵嫉妬故；摳其弟之目。

四酷刑　當時法廷中有油鍋，支解，摳眼，抽腸，等種種刑罰，而尤慘無人道者，爲異教法廷。

四文藝　代表當時之文學家爲馬基雅弗利（一四六九—一五二七）其著書斥道德爲愚，崇詐力爲智，後世多有非之者。（普王非烈德二世卽位時卽自著書駁之人以謂政略作用）然所謂馬基雅派者，非一種主義，乃一種記載，當時之寫實體也。馬氏爲人有遠見，富於愛國心，有足多者。

次爲賽離尼及亞來當，Cellini et L'aretin 賽氏描寫當世伊人强梁美麗之生活，惟妙惟肖。亞氏則代表當時文藝之墮落，以諷刺詩刼人財貨。其筆鋒最尖刻。其著耶穌傳，於聖母且有微詞。（巴黎藏書樓有地獄一部專收古時代墮落之書其書在焉）此種文學墮落之風，至他蘇Tasse著「耶路撒冷之解放」Le jérusalen delivrée 而始改。

米格安治於文藝時代之複雜生活經歷甚久。其晚年睹社會種種腐敗之狀，乃於梅提西之墓上，刻一睡人石像而題其悲觀之詩於上曰。

「余睡甚樂，不如化石之爲尤樂也；苟世之苦痛羞恥，一日尙存在者。可憐我！輕聲，莫醒我！

Il m'est doux de dormir, plus doux d'etre marbre, tans que durent la missére et la honte: ne m'eveille douc pas, de grace en parle bas!!

嗚呼異哉！孰謂此萬惡昏黑之社會中，乃能發一道光明，照耀及於今日之世界者哉！

然當時伊大利實爲文學美術發達便利之地。其故有三：

一則以歷史地理之關係脫離宗教關係較易也。伊人離東方近，十字軍以還，東方文明，日益傳播於歐西，而亞剌伯之文明，如天文，算學，化學等，則純乎爲異教的。羅馬遺風，伏流於社會生活中甚深，故雖久而不磨滅。迨教會腐敗，不足以維持人民之信仰，而異教之勢力遂大起。

二則以政治社會之僭擾而生活之感益形深刻也。當時伊大利分爲五市府：各市府各自爲發達，威尼斯共和國占其東，米蘭公國占其北，佛洛蘭與法皇領羅馬占其中部；奈波利則占其南；市府與市府戰；市府之內，有白黨，有黑黨，有皇黨，有帝黨，則又各自爲戰。欲求生存，必圖奮鬬。故個人主義日益發達；影響及於政治，而各諸侯之合從連橫陰謀外交之術以起。上帝不足恃；所恃者一己之聰明材力耳。故信仰衰而對於人生發生一種真實痛切之觀念。三則貴族諸侯之習於華奢，乃適與美術以提倡之機也。北歐武士以練習武術爲事，視美術家爲工匠，視文學家爲弄臣。而南歐武士皆富而奢，諸侯若能羅致大美術家，必爲人民所歡迎。故相競以日甚。如斯福瑟之於米蘭，Les Sforza à milan. 梅提西之於佛洛蘭，Les Médicis à Florance 教皇儒來二世來翁十世之於羅馬，Les Papes jules II et Léan X à Rome 其著者也。

諸侯貴族，多愛美術，然不願有新思想；故於彫刻繪畫音樂之大家則羅致之；而文學家則否。是時思想自由之唯一地點惟威尼斯；故人文派哲學家初皆匯集於威市，時印刷術亦於是獨盛。故藉以擴充勢力至於遠方。史家論思想自由之源泉地，必推威市焉。

附註威尼斯爲歐洲新思想之發源地，而現代歐洲大都會之物質文明，則至今日曾未見其一毫侵入，此亦一絕好之對照也。

北歐平民與貴族好尙不同；伊人則一致。當時羣衆，喜談文藝，其詩以朗誦爲能；有一新詩出，而全市罷工，傾城往聽者；亦可見羣衆之好尙與熱度矣。

大美術家，雖爲貴人所羅致，其次者，則生活甚難，必覓主人以自附，有同僚相爭，而妬，致相殺者。

要之生活之事變多慾性發達，而生命之危險亦大；故美術家之想像力。因之增大，而多創造之能。此則社會生活之有助於藝術天才者也。

第三章　伊大利之文藝復興(下)

藝術史上有至高之興味時代二：一爲希臘之彼利格來時代，一爲伊大利之文藝復興時代，然二者性質，有絕然不同者：前者之美，根於調和，以均整之優雅見長，故其美，發達於理想之中，而爲模型的；後者之美，根於衝突，以複雜之分裂爲因，故其美植礎於個性上，而爲狂熱的，獨創的。是其大較也。

前言基督思潮與希臘思潮之不相侔也；其現於社會表面上者，則有若教會之守舊爲一派，人文派之復古爲一派。其實真正之衝突，蓋不在外而在內，不在各派之不同，而在各個人內心之衝突。此其苦痛急切，有什伯倍於外界衝突者。故感激之情熱，愈唱愈高，而藝術之發達，所以能達絕頂也。蓋新派精神初未有明瞭之表示，故保守勢力，不能爲斷然之反抗，而古代藝術之愛好者，甚且爲教皇所獎勵保護，此可見新舊衝突，非表面的而爲內心的也。

中世紀有一特徵焉，曰愛好欲求之價值，視可得程度之難易以爲衡。而凡必不可得者，則人之所大欲存焉。彼愛歌者 Minnesanger 於其己妻則不顧，而於彼之所不能及範圍內，或以人之妻，或以貴族之女，爲其愛之目標，而爲之歌爲之泣。此武士所謂精神之愛，不涉於肉體者也。使彼亞得利 Beatrice 而果嫁但丁，洛拉 Louaou 而果嫁彼得拉，則彼輩或將自傷其好夢之破殘，而或另所眷焉，未可知也。中世紀尊靈斥肉之風，其結果能使人成一種不可解之幻影戀愛，勢力可謂偉矣。

文藝復興於何始？今不得而斷言之矣。遠自黑暗時代，其精神或有時而微動焉；東現一鱗，西現一爪，而時爲頑固之黑雲所蔽，及夫伏流漸急，則知靈一閃，猛然掘地以興，其銳利之目獨能於此喪亂奪掠萬惡之塵世中螢螢然發見一美善之光朝曦夕陽青天碧海自然界無論矣，而人亦自然界之一物也，其容貌其體格，凡觸諸目者在在足以動其心，而人生樂乃別得其真味焉然深院之晨鐘亦時時代表心靈憑高而吼蓋舊染未盡除，而現世之感已不若希臘人之單純矣。不兩立之原素乃持續不斷之戰鬭開眼以求現世之美乎？抑潛心以覓來世之靈乎？逡巡焉，煩悶焉，衝突焉，時或如恩格利 Fra Angelies 則心靈勝，時或如梯洮恩 Tiziano 則肉靈勝，時或如拉飛耳則依其神妙之筆，溝心肉二靈而通之。

是故希臘美術，與伊大利美術，中間有鴻溝焉，希臘以理想美爲歸，欲求標準美故爲典型的。而伊大利則一度經內心求靈之訓練，其特色，不在典型，而在個性不在生活喜悅之表現而在情熱本能之發展不在抽象理想美之完全而在各個人個個靈魂之再現。（文西常終日追跡一人以求透徹其個性之祕密，日日以其印象之要點及表情，筆記於手帖中，）就此點言，則謂現代藝術之根本發源於文藝復興焉可也。以探求個性之結果，故文藝復興時代之美術，較希臘有甚多之變化。希臘藝術家常於同一物中，求其美或力之最高典型，故其製作，類多一定。如司各潑派，Scopas 多强烈，柏拉西德派 Praxiteles 多逸樂之類。其甚者以探求理想故，舉各人之製作混同之，卽古人亦有不能辨其作家爲誰者。此則在文藝復興時代，若拉飛耳米格安治輩所必不可得之數也。

希臘藝術之特色在彫刻。文藝復興之特色在繪畫。蓋一則適於理想典型之創造，一則適於個性表現之描寫也。然彫刻之機能後亦一變，於作家之手。蓋昔則以靜朗之額柔和之形著者。今則一變藉筋肉肢體之發展以表情矣。

中古峨特式之建築彫刻，實有不可及者，而當時則不著作者之姓名。蓋個性之沒入於羣衆也久矣。反之而文藝復興時代，則個性發展極其度。其於世界文明史上之位置，不可謂爲健全時代而可謂之爲極有興味時代。偶像破壞矣，舊者去新者不來而代之以無數之新頭腦，奔逸馳放，各極其致，眞蟬蛻時代之大觀也。

茲特就其藝術發展之情狀，分類言之：

(一)文學之復興與發達

文學發達，較彫刻繪畫爲次。蓋當時有力者不甚提倡新思想也。綜其大體，可分爲三時期：

第一期爲自然發達時期。　自但丁迄樸加斯卒

第二期爲擬古時期。　自樸加斯死迄羅安梅提西卒

第三期爲異宗美術時期。　自羅安梅提西卒迄羅馬大掠

第一期　自然發達時期　第一期有三大人物曰但丁，曰彼脫拉，曰樸加斯。

三人俱爲文藝復興之前驅者，其功績有三，

一造成伊大利之國語文學，迄今猶存在。

二開現代個人思想之先聲，爲近世小說詩歌之祖。

三提倡古學。

但丁 Dante Alighieri 實中古時代之詩人，而爲近世思想之開山祖也。佛洛蘭市人，其歷史不甚詳，但知其九歲知愛，（據其自序九歲遇美人彼亞得利於途，自覺身顫，而「生活精神」l'espris de la vie 震於其心之深，自是日始乃識愛義）十八歲作戀歌。（九年後又重遇於途，方震其美而顫，彼美乃迴顧而目禮之，自是始乃識美之實感，既歸其沉寂亂雜之書室中，乃作歌）壯年從軍。（千二百八十九年六月十五參與加伯提之戰門)卅一而娶。中年活動於政治而遭流刑。(時帝權黨與教權黨爭甚烈佛市亦有黑白二黨但丁爲白黨黑黨藉教皇之勢力攻白黨慘殺甚多但丁爲教皇宣告罰金及流刑且終身不能與聞政治) 流浪終其生。其死也誓不以遺骨歸故鄉。其空前絕後之大著曰神曲者Divine Comédie 實成於二十年中窮愁竄謫之時。故其開卷曰「當吾生之中途予乃迷路而陷於幽林」則一純粹之象徵詩也Au millieue de la course de notre vie, je perdis le veritable chemin, et je m'egarai dans une forêt obscure: 其長歌始遊地獄，繼入淨界，終登天堂，則中世紀時代之政治，歷史，道德，宗教，之影，悉備焉。其喜作荒唐無稽之談，而注重來世，其體裁，(爲寓言的)其精神，(爲信仰的)則純乎爲中古時代之人物。然其語未來也即以談現在，談自己，即以談全體，就現象以求實體，重主觀而爲獨立個性之創造，且斷然不用古文而用俗語 Vulgure 則純乎文藝復興之先聲也。故但丁之著作以中古為骨，而精神容貌則現世的人謂拉丁人中有足以與莎士比亞相抗者惟但丁一人。近古時代，有足與荷馬相頡頏者，惟但丁一人。其推崇可謂至矣。

彼脫拉 Pétrarque 為近世言情詩之祖。亦佛洛蘭市人，其父亦白黨之一，遭徒刑者也。初依其父之督促，學法律，後兩親卒，乃從事於詩，名噪於時。依其政治上之活動，往來德法甚久。為大旅行家。其生活之變化甚多，其精神上之動搖亦烈。天國之夢，與人世之歡，往往交戰於中。其著名之歌，有足以代表過渡時代精神界者曰。『吾不得和平，吾又不得戰鬪之機會；吾畏懼，而又希望；吾已焦灼，而吾實為冰；吾昇吾於天，而吾身着地；吾欲執全世界於胸中，而抱一空；』

Pace non trovo e non ho da far guerra;
E temo e Spero; ed ordo e son un ghiaccio

E volo sopra 'l cielo e giaccio in terra:
E nulla stringo e tutto 'l mondo abbraccio.

彼脫拉利用其旅行之機，乃能多搜古集。然其功績不在收集，而在其古文之註釋。不獨博而已，且能以新意解古書。往時讀古書者，不能別古代與中世社會生活之不同，以中世之眼，讀古典之書。不能領會古人之環境，卽不能了解古人著作之心理。惟彼脫拉能深入古典之境，而體會之。且其行文明瞭正確而華美。故其所表現之古典精神，乃更放異彩。故人文派推彼脫拉爲始祖焉。

樸加斯 Grovanni Boccaccio 生於巴黎，少以學商，至奈波里，滯留者十二年，其佳絕之風景，華美之社交，乃深移此少年之情。時古典學者常集於洛伯耳王 Roberte 之宮廷。樸加斯受其指導，遂專志於詩。讀但丁神曲大感動，爲之解說。後其父卒，歸佛洛蘭市成名著「十日記」Décamèron 人名之曰「人曲」以比但丁之「神曲」也。其語言。體裁。妙天下。十日記者，言一三四八年佛市有鼠疫，有七女人三少年，避疫於鄉間者十日。內所互述之事蹟也。其事實有悲劇，有喜劇，有諷刺。其人物，有貴族，有平民。其性格，則有真摯，有滑稽。其於伊大利十四世紀之社會，描寫盡致。然或有以猥褻譏之者，則當時之風尙，而非其本意。故世人咸推樸加斯爲近世小說之祖。後世如封登 Fontains 如福祿特兒，之自由談皆源於樸氏云。

自樸加斯之卒(一四七五)迄馬基雅弗利之生(一五六九)伊大利人之所思，所愛，所書。無一不爲拉丁文。

第二期　擬古時期，(人文派與擬古文學)人文派之興也，其原因則發生於二事：一爲佛洛蘭及佛拉拉 Ferrara 市二度之宗教會議。一爲君士坦丁之陷落。千三百九十六年，希臘學者格利沙利 Chrysoloras 至佛市，欲合東西二宗之基督教徒，全力以抵抗回教，開大會者二次。其志卒不遂。而伊人於是機，乃得直接與東方之大學者相接近。格氏遂留爲佛市之大學教授。而莘莘學子，亦多往君士坦丁留學。中如約翰與利斯伯 Aurispa，其最著也，迨千四百五十三年，土耳其占領君士坦丁。多數學者，挾策西來。俱爲伊大利各市首領所歡迎羅致。於是由拉丁而進窺希臘。而搜古乃及其源。荷馬之詩，柏拉圖之哲學，遂競相譯以拉丁文矣。

此中關鍵人物之最要者，實爲沙羅台梯 Colucco Salutati 則佛市諸侯梅提西之首相（即家臣）也。沙氏古學直繼樸加斯，其拉丁文著作甚富，爲當時學者之首領。立大學，聘格利沙利爲主講，皆沙氏之力也。於是佛市倡於先，而威尼斯，而羅馬，而奈波里，而朗罷提各市，羣起競效。從事於研究古典。沙氏搜集西瑟隆 Ciceron 書翰。而各處之古籍。遂爲人間所珍重矣。

希羅古籍，多散失棄置於伊德各處之修道院及宮殿中。當十四世紀及十五世紀之終，各處搜求不遺餘力，其最著者，若佛洛蘭市尼古利藏書家 Niccoli Bibliopliee 及大主教勃賽隆 Bessarion 集手抄之希臘古書，有六百種之多。烏奔公爵 Duc d'urbin 則以印刷書爲不足讀，傭四十人以抄書。

研究古文學者，大都皆教會以外之人。其讀書均在家中，一般名之曰人文派。其名自拉丁文 Humaniores litterae 而來。以自別於學校派，Scolastique 對於教會，極其攻擊嘲笑之致。其於古書也，不分晝夜以多讀爲能。或譏之爲蠹魚，言其貪食而不知化也。先則抄，繼則讀，終乃擬。擬古實當時風尚，其視伊文爲大俗，其極端有以希臘文自譯其姓名者。

流風既暢，派別斯興。於是有考。據。家。始於搜。集，搜集而不得，乃繼之以摹。抄，摹抄而誤失，乃繼之以校。訂，校訂有不同，乃繼之以註。釋，其最著名者曰凡喇Lorenzo Valla則能以史實爲根據，而得正確之批評者也。有金。石。家。則以殘碑古碣，向之視爲不足道，而任意摧殘者，（羅馬遺址多爲中世紀人造屋所毀）以其足以爲歷史之徵，珍同拱璧焉。其最著名者曰披切古利Giriaco dei Pizzicolli富商也，以古跡之美而多趣，棄其業，周遊伊大利，希臘，埃及，以搜集摹拓古碑爲事者也。此外又有教。育。家。則以實用爲歸，專以教育少年爲事，開學校，自制度乃至於習慣，無不惟古之是崇。其間著名者爲凡隆。Ganrino de Verone

哲學上亞力斯多特派與柏拉圖派之競爭，由來已久。中古時代奉亞氏學說爲宗者，其流爲學校派。及人文派興，則以柏氏學說爲宗，而成柏拉圖派。是時主要人物有三人，一爲柏來翁Géniste Plethon希臘之柏拉圖學者，以宗教會議來佛洛蘭市，其著作講義，以說明亞氏與柏氏學說之區別為主。而對於亞氏之神學，心理，論理，則批評攻擊不遺餘力。而當時佛市人奉之如神明者也。一為哥斯姆梅提西郎梅氏之始祖，為佛市首領，熱心提倡古學，建設大學院 Academie 者也。三為費西納，Ficino 則新柏拉圖學說之傳布者，譯柏氏全集以拉丁文而加以詳博之註釋。又成柏拉圖學說一書，共十八集。費氏為新柏拉圖派，其學說適於佛市人神祕之風氣。故流行甚廣。此外則有米蘭篤耳 Pic de la miradale 以「人生之權威」「人間之偉大」為題。於大學院振其雄辯。亦柏拉圖派之健將也。

Academie 今譯為大學院，柏拉圖所創，在雅典亞加特姆園中 Aca-demno 為哲學研究之所。佛市之立大學院也，實繼承柏拉圖之旨，其性質與大學 Universite 不同。蓋學者自成一團體，而其研究講演之所，即名之曰大學院。佛市首倡之，而羅馬奈波里亦均效法而設大學院。

自是以還，擬古文學極盛。然其著作鮮有存者。傳者僅數人名耳。蓋擬古以直接希羅爲事。而蔑視其間千餘年之歷史。故精神上終不能及，而充其能力則趨於形式外觀之美。此其弊也。

第三時期　異宗美術時期，L'art paїn所謂異、宗、美、術、時、期、者，則專崇外觀形式之美是也。是時之代表者，爲拉利奧斯L'arioste爲史詩三大家之一，其「怒之洛朗」Roland furieux爲當時特出之著作。其書以文字之剪裁見長。爲一種象徵文字。而少哲學上深沉之觀念。拉氏於文學上之地位，猶梯齊恩之於畫，以美、之、自、身、爲、目、的、而爲寫。實。派。之。一。種。其客觀之態度，與深刻之眼光，實開馬基雅弗利著作之先聲。馬基雅弗利及其同時代之著作述如前，（參照第二章）

自柏拉圖主義之風行，而文學漸就衰歇，柏拉圖派迄今猶有勢力，以理想之美為宗，其於文藝復興時代之「現世」「實在」主義實相反。此則崇物質尊個性之反動也。柏拉圖之言曰，「純粹之美有如淨水無一毫特別之色味」La beaute parfaite est comme l'ean nure, qui n'a point de saveur particiliere 此為柏拉圖倫理之根本，其弊之影響於藝術也，則以寫意為宗而美術與人生無關係，此伊之藝術所以於極盛之後，一蹶而不能復振也。

(二) 美術之發達

中古時代，彫刻與建築已盛大發展，而繪畫則極幼穉。全體學，距離法，至十四世紀以後，始逐漸進步。迨十五世紀之中葉，油畫發明，於是繪畫始能獨立，前此插畫，壁畫，蓋猶附麗於他物以自存也，今當分別言之。

（甲）建築　歐洲中古建築綜分三派，而同出於一源。其源維何，則羅馬公會堂是已。Basilica 四世紀時基督教既有天下，信徒之自地道出者，Catacambe 遂集於舊有之公會堂以祈禱。是爲教堂之起點。公會堂，爲人民公有之物，建築家以防火災也。寧費勞力，易木以石。於是便於用石之圓頂制以起。其圓頂之包於外而在上者曰外圓頂，Dôme 譯言屋也。其圓頂之裹於內而在下者曰內圓頂，Caupole 譯言盌也。故今之教堂或曰 Basilique，或曰 Dôme，或曰 Caupole 蓋猶仍其建築之原名也。三派之別，一曰東派，Bizantique 或曰毗山式建築發源於小亞細亞，其基本形爲等邊十字。其特長在外圓頂。一曰西派，或曰羅馬式。即繼承羅馬建築而來。其基本形爲長脚十字。其特長在穹（在壁內之圓龕）一曰北派。或曰峨特式 Gochique 發源於北方日耳曼人種，其基本形爲銳角。故易外圓頂之圓者爲尖而於穹窗之環加之銳形若魚首。羅馬派建築之以圓著者，沉穆而厚重而峨特派以銳著者則秀削而沉靜足以表現其向上之精神三派以時代言，則東派最早，西派次之，而二者互有融會，北派較次極盛於中古，故談文藝復興之建築者，恆追溯峨特式建築也。

當十三世紀時峨特式建築之盛行也。自然二字已爲美術家所注意如蘭市 Reims 教堂之柱，刻以葡萄其精美之源實汲之於田野間則注意觀察自然之徵也十四世紀以來，由建築教堂而及於墓道，則以紀念之故，漸有彫死者之遺像者，初則狀墓內横陳之象，繼乃摹生前祈禱之容，則於自然表現中更進一層而注意個性然當時，終以宗教之故，不能於此「自然」「個性」二方面，十分發展，且日就衰歇，於是解放二字之光榮，終不能不有待於伊大利之文藝復興。

北派峨特式之建築，並不發展於伊大利。而希臘羅馬之藝術品，位置列列於伊大利國土上者，幾千餘年間，無人過問。必待人文派之興，由文學之復古為導引，而始能入於藝術美之覺悟。此亦歷史之謎而耐人尋味者也。

建築之第一期，仍為中古派與古典之混合物。然古典之影響僅及於細部之裝飾，其建築大體仍為中古式。則惰性使之然也。迨東羅馬之亡，市民的建築，較重於宗教，而現世精神，乃漸發展。其新建築之可為模範者，為佛洛蘭之宮殿，其外部猶以防禦巷戰之故，極堅固厚重，其內部為方形，而繞以列柱之長廊，則駸駸乎為新式矣。在佛市首倡新派建築者，為伯龍納 Brummellesco 其建築之佛市大教堂外圓頂高一百米突。而比提 Pitti 宮則以意匠之明晰與比例之完全，表現其美麗莊嚴之特色。此後則馬華諾 Bennedetto de Majone 及格洛納 Gronaco 所作之沙洛西 Sorozzi 宮為佛市宮殿之至美者。則以羅馬建築之至精者爲模範，利用石面之凹凸以表現光及陰之作用。此種第一期之建築，流入於威尼斯則失其莊嚴，而加以華美，壓世之歡，益增其度矣。由古典之裝飾進而爲古典之設計，則爲第二期。是時之著名大師爲設計彼得寺之始祖勃來孟 Bramente d'Urbin 其注意，不在局部之裝飾，而在全體之組織。此直近世建築之發源矣。其後繼者爲達得 Jocopo Tatti 在威尼斯成聖馬谷 St. Marco 圖書館爲此時代之代表作品。其上層飾以彫像，其中層用希臘，依奥尼式其下層用希臘獨利式。Ionique 依奥尼式，Dorique 獨利式均希臘建築之方式，前者輕快華美，而後者厚重質素。

自千五百五十年以後爲第三期，則純乎米格安治之影響。於建築之內，溶入繪畫之色彩與個人之想像。繼勃來孟之後，建築彼得寺，彼得寺者，則文藝復興與宗教改革之象徵物也。自其美麗之方面言，則可云集文藝復興藝術之大成。自其奢侈之方面言，亦可謂宗教改革之原動。千五百六十年，教皇儒拉二世，欲營墓道，就古羅馬遊戲場之彼得寺而改築之，乃徵圖案於勃來孟勃之規模頗宏遠，功弗能竣，及來翁十世經拉飛耳米格安治等而成功於勃爾尼。Bruni 亘一百餘年之歲月，易十餘名師之圖案，其建築或失之統一，然爲世界第一之大建築，則無可疑也。但自外觀之，不覺其大，即入門亦不覺其壯麗，向內遙望，深而不幽遠而不玄則以距離大小之比例一一適符故入寺者習與爲化。光線衆射而入使觀者不覺其拘束壓迫非若他教寺有沉鬱之氣則其特色也。蓋米氏之藝術天才，在偉。之趣。與力。之美。故於彼得寺之偉大，其功獨多，後世效之不能及，於是有柏洛克式好曲線，內容之裝飾過多，則一種頹廢之藝術已。

柏洛克 Baroque 葡萄牙人名不規律之珍珠曰柏洛克，爲此名所由

（乙）彫刻　十二世紀間伊大利彫刻，除粗率之模仿外，無他長，迨披薩諾父子 Niccola Pisano; Giovanni Pisano 始能領會古典之精神，而彫刻漸有生動之致，至基培爾 Lorenzo Chiberti 以繪畫之趣味入彫刻生面，別開，遂爲佛洛蘭市彫刻之祖。其代表之作物，爲佛市洗禮場之二銅門，於浮彫上現配景法以深淺大小表遠近，則純乎爲畫術也。米格安治深服其美，謂之曰天國之門。

與基氏同時有騰那堆洛（Danatello 一三八六—一四六六）爲自然主義之典型，其所彫人物，軀幹挺拔，筋力豐富，自項至踵，生氣滿滿，則實佛市人理想之美男女。而彼能以無知之青銅或大理石表現之。故與其謂爲古典派，無寧謂爲峨特式之進步者，近世名人洛旦 Rodan 實爲其後繼者。其大弟子曰浮洛基 Verochio 則文西之師，畫家而兼彫刻家者也。其作物爲文藝復興時代之至美者。

西愛納州 Sienner 有魁爾薩者 Iacche della Querccia 亦一獨創之彫刻家，受北派現實主義之影響，爲米格安治之師。

米格安治之彫刻詳下文。

繪畫便於取攜，而石彫難於運送，故彫刻品多留於原地。而繪畫則不脛而走遍全歐。世人但震於繪畫之名，而彫刻則少知者，其實縱使當時之繪畫盡遭殘毀，而佛市神奇之彫刻，尚足以表現時代精神而有餘也。

線之精緻與堅實爲佛市彫刻美之特色。然十六世紀之雅典（卽指佛市）與彼利格時代之雅典有區別焉。則基督教義之潛勢力是也。心與情之幸福平衡一破而不可復保矣。或形奮激之現實派，或成頹廢之優雅式歡喜之中而悲哀混焉。此佛市之特色。實則心靈肉靈交戰之徵也。此卓絕之文藝復興的藝術，雖曰抗宗教之厭世而興乎，然徵宗教又爲得有此，焉得有此。

凡模倣傑作，而終不能得其神似者，有故焉。大藝術家個人之情操不僅表現於形像之構想與配置，即於極微之明暗間爲官能之所不能覺者亦有其精神焉。等是線也，有死者，有生者，彼格森所謂觸覺之價値者——即生命徵動之及於眼者猶筋肉顫動之及於指心可得而知口不可得而言機械不可得而量者也故天才之藝術家能於輪廓間一線之際，平面上，一分之地，與之以生命則正藉此幽深之微動之能也。

（丙）繪畫　繪畫爲文藝復興時代特有之藝術以其便於表現個性也故其發展爲多面的而宗派遂多當千二百六十年時東派毗山派一畫家曰梯馬毗者Timabue至佛洛蘭市實開伊大利畫之先聲，是爲佛市派。距此稍後有提楂者 Duccio 亦東派畫家，至西愛納市，與梯氏成雙璧。梯氏以俊偉秀拔著，而提氏以温雅優美著。是爲西愛納派。西愛納派以表現情緒爲宗，而不注意於規模形式，至十五世紀時遂衰歇，而佛市派則進步入自然主義，遂獨盛。

繼梯氏而興之佛市派畫家曰基奥特 Giotto de Bondone 則能汲美之源、於自然而達之、以明快之筆、舉毗山派之種種束縛而破之，別開自由生動之門。雖椎輪之始，不免有缺點，而人終推之爲新派之祖，則其開來之功有足多也。

基氏之後有飛沙耳 Fra Anglico de Firsole 則更能深入人情，且知解剖學，深乎情緒、則得生動之源、明乎解剖、則得生動之表、故其宗教畫中如信仰之喜，迫害之幸等，皆以深刻之表示，動人心目。同時有麥薩西 Masacio 者，倡自然主義，能置宗教之情律於普通社會中。技術上則距離法，全體學亦日有進步。是時人文派與，眼光乃及於希羅之古物，於是新派之萌芽，經古典之陶鎔灌溉，而益臻其粹焉。距離法至烏瑟洛 Paolo Uccelo 全體學至浮洛基 Verrochio 而大成。而當時有綜麥氏基氏之長者，曰菲列利比 Filippo Lipi 則能模勇力以優雅之筆。實開米格安治之風。而浮洛基尤能於景色中，識光、與、空、氣、之作用。色、彩、之、變、化、愈、雜、矣。

佛洛蘭市派之畫，依其風、俗、華、奢、政、治、動、亂、之反射，乃在「神、祕、的、溫、雅、」與「陰、鬱、的、氣、力、」二極端之間。其畫中有未來之光明。亦有未來之恐怖。則其精神尚含有宗教臭味故也。

伊大利之畫始於佛洛蘭派，經威尼斯派而大成。而其流遂宏布於歐洲。故威尼斯派與佛市派，在畫史占同等以上之位置。威派之前有二派，一爲毗山派受日耳曼之影響者，迄十五世紀上半，則受拜駝雅

Padua 派影響，二者混而成威尼斯派。拜駝雅者為威尼斯所領之市。其大學之文化，與法國及萊因流域有密切之關係。實當時思想自由之發祥地而全伊知力之中心也。佛市之藝術大家，如基奧特，如獨奈堆洛，住此者十年之久，其繪畫能以古典之形式傳佛市之溫雅其著名大師曰孟得涅 Andrea Mantegna 少曾留學於北方佛蘭特，得油畫之法以歸，為威尼斯派之遠祖。

威尼斯為中古商業極盛之地，無政治之擾亂，無宗教之壓迫，其人民好娛樂，美衣服，社交發達，公會甚多，其風俗之反射於畫也，則明快而有人生之樂且長於大幅之布置能聚羣衆於尺幅之內構造布置各得其宜即其所繪之聖母與使徒亦不見有悲哀禁慾之風，而純乎為紅顏綠髮之美男女方飾綺羅以行樂也此種樂天主義為威派之特色。與佛市派之神祕憂鬱適成對照而色彩之美，亦以威派為第一。（佛市派以色彩爲畫附屬品，而威派則視色彩有較對象爲重者，故不僅爲色彩畫家且爲光彩畫家。） 其創造之祖，爲培利尼 Jiovianni Bellini 其最著名之大師曰梯泚恩 Tiziane 則表現人生之樂，與肉體之美極其致者也。

其時有異軍特起。與威尼斯派相反，與佛洛蘭派相對者，曰烏勃利派，Umbrique 其大師曰彼魯其 Perugino 則拉飛耳之師也。是派之畫富於宗教情感。苦痛之深，熱望之切，信仰之誠，是其內容之神也。方式之潔淨，表現之秀美，組織之簡單，是其外表之形也。其色彩沉重而真摯，其表現純潔而正直。

此外則有米蘭派，以文西著，有羅烏派，以拉飛耳著。則其特色在個人而不在宗派，茲不著。

各種藝術之流派，醞釀陶鎔，迄千五百年及千五百五十年之間而大成。則實藝術史上空前絕後之時代也。其大師有三：曰文西，曰米格安治，曰拉飛耳，三人者各有獨到之能不相爭亦不相掩約言其特性，則文西之藝術源於知米格安治之藝術源於力。拉飛耳之藝術源於愛今特舉三人略傳以結此藝術史之終。

文西 Leonard de Vinci 佛洛蘭人，生於千四百五十二年，在佛市者三十年，在米蘭二十年，此後經十九年流浪之生涯，而入法國。少從學於浮洛基美丰姿，有勇力，於文學美術科學哲學無所不通無所不精其多材多藝爲歷史上所未曾有。其天才之原動力有二。曰好奇。曰好美。惟其入之也深，故能得二者之調和，而其藝益神。彼以爲藝術之於世界。苟真有或種意味者則「自然」與「人生」二者必當爲其根據。其研究自然也。觀海，感波浪之韻律而知光與音之波動，登山見化石之貝殼，而知海與陸之關係，望天而知引力之理，觀月而知反光之律，下至昆蟲草木，無不以其驚奇之目，銳利之光，對待之。而自然之神祕乃若故爲坦白者一一直陳於此老之前。其研究人生焉，則喜怒哀樂，凡剎那間感情之作用，獨能一一攫取之，而百不失一，故其人物畫中，則飽嘗生活滋味（或歡喜或痛苦）之靈魂躍然於紙上。彼自言其潔洄於胸中者，有二事：一爲河海之流動，一爲婦人之微笑。深淵之深，不可測，或龍潛焉，或魔鬪焉，其動力之波，遠及於水面，而微波生焉。此文西微笑之義也。猶深淵之微波也，而其下爲不可測。此孟納利薩 Mana Lisa 之畫，所以卓絕千古，而文西自身猶視之爲未完作也。要之文西，藝術家之以知立者，其明智之光，能燭萬物之微而無不入。

米格安治 Michel-anze Baonarroti 亦佛洛蘭市人，生於千四百七十五年，幷詩家、畫家、建築彫刻家之長。而其署昔司丁畫壁上，則自署名曰彫刻家某。其一生精神上痛苦，閱歷甚多，而性極堅定，故壽長。其精力彌滿，亦可於其彫刻見之。其個性之發展於藝術也，爲忿怒爲抵抗爲强傲。其彫刻能以筋肉之顫動表情且能以彫刻之精神入畫濃淡色彩。非所注意。其興味之對象一在乎人。顧其爲人也，非現世通俗的，而爲理想的超人雄辯之風姿猛烈之態度一以極度緊張之筋肉表現之。故人謂米氏畫中之人物如樂器中之弦時時緊張而唱高調其精神常彷徨於暴風雨高山之絕頂然其巨大之勢力能貫以情熱之生氣。故能攫事物之實在性超而不怪怒而不醜吾人一立於其巨像之下，轉覺此巨像爲眞，爲實在，而吾人自身，轉不過一無常之幻影，適然過其前而已。此則其天才獨到之處，非後人所能擬議也，他人以顏面表情而米氏則以體格筋骨表情。故米格安治，藝術家之以力成者其精神之强能挾萬物以趨而無不動

拉飛耳 Raphaël Sanzio 生於千四百八十三年，一生以幸運終，而早卒，

則集繪畫之大成者也。其藝術之要點，在能使心靈與肉靈調和。故其第一特長，在純潔在高尚无垢之天光。越清澄之大氣自空中而招吾人以向上。此則中世紀心、靈、憬、憧、之象徵也。而拉氏能之。其第二特長，在通俗在親切。嬉戲之小兒。求乳於愛母之懷。慈愛之眞。有生之所同具也。而後知現世之中。亦自有其真且美者。此則人文派、現世、鼓吹、之條件也。而拉氏亦能之。故古人所謂「通天人之故」者蓋拉氏可當之無愧矣。而重之以結構之精審，氣象之靜穆，使人可以永久相對而不覺其厭，蓋自有史以來，以心靈肉靈互相爭鬭之故，而現種種之煩悶苦痛者，一入其指，而變爲韻律的諧調焉，故曰其生也自然。懼懼者。懼。其洩秘密也。其死也。自然悲悲者。悲此後之無知音也。可謂極藝術之能事矣。故拉氏者藝術家之以愛成者也。其无量之情能溶萬物之性。而無不化。

史家謂拉飛耳有女性其殆愛神之權化歟

第四章　法國之文藝復興(上)

法之文藝復興，與伊大利異。伊則繼承羅馬希臘而來，而法則繼承伊大利而起，環境不同。故色彩自異。而自成爲法國的文藝復興。伊大利之發達也，以商業。商之爲性，重貿遷，利交通，故眼界寬，而性情易變。而法之立國則以農。農之爲性，重保守，多粘着，故不好新奇，而對於外來之潮流，抗力較強。故復古之風，在伊則流行一時，其勢甚猛，而爲時甚短。而在法則其流甚緩，其力甚深，接觸南化以來，遲至半世紀始能吸收，而潮流之方向遂變。

伊大利分立爲五州，各自爲政，市府之發達甚早。而法於是時則國家之形式已成。大權一統諸王室。故伊之文藝發達於民間，其流廣而淺，而法之文藝淵源於宮廷，其流狹而深。

十四五世紀時中古文化已形固定。法承北系，而地處南北之間。以英法百年之役，故不能盡調和之責，而其時凋殘最甚者，尤莫如文學。千四百九十四年以後，南宗之入也，其要點在引美術之思想，入於文學界，故文學一方面，發達獨盛。其彫刻，建築，影響較少。則國民趣味與使用原料不同之故也。

當千四百二十二年法王加耳六世之死也，正當英法戰爭之交。國內大部俱爲英軍占領，貴族，僧侶，多通款於敵，幾不國矣。而人民，國家，觀念，獨强。農人商人均奮起以勤王事。於是農民之代表者則有貞德，歷史上之奇女子，迎加耳七世接王位於蘭市者也。商人之代表者則有克耳，Jacques Coeur 獻軍資於王，卒掌財政，以裕軍實者也。於是除加來港以外，悉復侵地，外患去，而內治益修。國勢統一，王權日張，路易十一世卽位，以相續結婚之政略，益收小諸候領地。迄加耳八世，則內力既充，乃思外競。會伊大利各州相爭，奈波里王與佛洛蘭市首領欲合力攻米蘭，而米蘭公爵路末各 Lodvico 乃引法軍入伊。（洛末各爲人陰險，殺幼姪而奪其位，奈波里王爲其姪之外舅，欲爲復仇，乃聯合佛市攻之）千四百九十五年，法軍入奈波里，是爲法人與伊大利文化接觸之始。

加耳八世負大志而早卒。其從弟路易十二世即位，以其母系相續之關係，欲併米蘭奈波里而有之。畏西班牙之干涉，乃與之聯盟而攻米蘭，逐路末各，其陸軍與西班牙海軍合攻奈波里又占之，既以利益分配不均。法西兩軍，又起衝突，會羅馬法皇儒拉二世即位，作神聖同盟，引瑞士爲援。法軍爲其所驅，是爲第二征伊之役。

千五百十五年佛蘭昔一世，繼路易十二登王位，則再以大軍入米蘭，結威尼斯瑞士以自援。時法皇儒拉二世死，西班牙亦無進取之雄心，而北部伊大利，遂爲法國所領。是爲第三次征伊之役。蓋三十年之間，自王室貴族以迄全國人民之從事軍役者入伊大利及五六次之多。其受南化刺激之深，可想見矣，

加耳八世以前，宮廷中已有文學侍從之人，然不過弄臣耳。以彫琢爲能事，則宮廷諂諛之習也。加耳年少，其征伊而歸也，誘於南歐生活之豐富與華奢，若宮殿之壯麗，園庭之修潔，美人之丰采，乃至於圖畫，彫刻，寶石，衣服，詩人，學者，珍禽，異獸，無所不愛，無所不欲，其腦海紛紜雜亂之狀，殆與其歸時之行李相似，而於藝術之精深者，則果未之能領會，也。惟三世紀間法國美人之標準，以「文西」「拉飛耳」之聖母像爲則，則加耳八世提倡之功也。

路易十二世，則較加耳爲稍進，招文西及諸藝術家來法，其后愛娜獨喜中古美術，惟其寵臣喬治安巴士，Georges d' Amboise 則愛伊大利藝

術，爲之建行宮於該容，Châtean de Gaillon 爲伊式，是爲法國建築受南宗影響之始。

法國文藝復興之大業，非加耳八世之美人，非路易十二之美術家所能成，成之者，則佛蘭昔一世也。是爲提倡復古主義之正宗。是爲法國文藝美術之始祖。

佛蘭昔一世，Francais I 好大喜功，愛美術，能詩，惟其提倡文藝學術也，非專爲文藝學術自身之價值，蓋一則爲虛榮心所驅，彼見夫伊大利各市諸侯之事業，以爲小諸侯且然，焉有法國之王，而範圍可以更小於此者。故開放其宮廷，自文學美術，以迄科學哲學，無不包羅。而一一保護之。所以之示王之尊也。（當時侍從之臣已非復昔時弄臣之地位）一則知文藝學術勢力之大，而當時與王權對抗者有教權。故收之於政權之下，使知識不爲教會所壟斷。而王權乃藉以擴充。惟王之性質爲多方面的，且喜武功，故必有人焉，爲其原動，日日鼓舞而推進之，而始克有濟。此則懺悔官蒲特 Budé 之功，所以不可沒也。

蒲特 Guillaume Budé 爲法國古學派之第一人，於法律，神學，數學，哲學，歷史，無不研究。少見知於路易十二，爲教皇儒拉二世之特使。其著作多爲希臘拉丁文字，（甚難解，讀者較少，故名不著，）極端提倡古學，謂古學爲萬派之宗，非法律數學一科之長所能比。且曰欲爲人而不知人文主義，猶夜行而不以燭也。建議於王，乃設法蘭西學校，Collège de France 自此校之成而法國文藝復興之運動乃如畫龍點睛而得其文化之樞紐矣。

初蒲特之建議也，實本於魯燔之「三種語言學校」（希臘，臘丁，希伯來，Collège de trois Langes 爲比斯來頓所倡 JérômeBusleiden）而宮廷有反對者，是時財政亦不裕，王好外務，故遲滯至十年之久，至千五百三十四年始能年以四百王冠(Livre 金貨名)爲聘用教習之貲。教課最初爲語言學，即希伯來文，及拉丁，希臘文也。後乃增算學，醫學，及東方語言學。造端之始，或妬之，或異視之，教授之俸，或遲或忘，然生命既存在，則能逐漸發展，而向光明。

法蘭西學校之成立，實爲當時一大革命事業。其特點有三：

一、當時沙蓬大學(即今之大學)有法廷以定倡宗教上異說之罪，其權操諸教會，而佛蘭昔一世則不令法蘭西學校之教授，受其裁判，而裁判之自君主。此實含有政治作用而爲政、教、分、離、之始。

二、伊大利之復古，僅及希臘拉丁，若佛洛蘭市之大學院則純以柏拉圖學派爲宗，而法則加以科學，及東方語言學，是爲、科、學、發、達、之始。

三、高等學問向爲教會所專有。當時沙蓬大學，亦有希臘拉丁文功課。然彼之目的，在藉古文以釋教義，而此則用古文以研究非宗教的科學，美術。儼然與宗教相抗。是爲學術離宗教而獨立之始。

佛蘭昔一世之提倡文藝也，外則蒲特，而內則有其妹馬格里(Marguerite 王有姪女亦同名，不修邊幅，史家有誤以爲一人，而譏其不貞者)能詩，受樸加斯文學之影響，好學，通希臘拉丁希伯來文，與當時著名學者來往，雖非新教徒，而極力保護當時之人文派。個人主義之入於文學，馬格里首倡之，實開言情詩Lyrique之新生命，蓋亦法國文藝復興之前驅者，其功不可沒者也。

時印刷術業已輸入法國，千四百七十年巴黎大學已有印刷所，迄千五百年則前此三百佛郎所購之書，今可以二佛郎得之，於是文藝復興之運動，其勢漸張。

宮廷之生活與古典之研究，爲當時法國思想界之二空穴。新空氣乃由此出入也。惟法國之人文派，與伊大利同源而異流。自其內容言之，伊大利之古典派則美術化，故收其果於十六世紀之彫刻繪畫。法人之古典派則實在化，故收其果於十七世紀古典派之理性文學(Classique) 自其方法言，則伊人之崇拜古典，其結果爲模倣，法人之崇拜古典，其結果爲翻譯。模倣僅及其形似，翻譯則有事於咀嚼也。故能以國民之精神，鎔古典而化之，或存焉，或改焉，或棄焉，而自成一種新生命。此文藝復興後伊大利之所以衰頹，而法國文化之所以能繼長增高，至十八世紀而執歐洲之牛耳也。

法之古典學導源於教會，迨加耳八世征伊之時，人文派漸起，研究學問者，於既受舊式教育之後，更從事於學生生活，如蒲特於法律卒業後，更學拉丁文。愛拉司(Erasme 荷蘭之人文派首領，)至三十歲，更爲孟堆其 Mantaigu 學校之官費生是。惟師資甚少，其研究也首在自修，常以高價聘希臘人爲師，而卒無所得者。及千五百年愛拉司之名著「亞達其」(Adagia) 出，研究古學者乃如導泉得源，其精神遂湧現流布於世界。自此以後，蒲特則譯柏魯太克 Plutarque 之著作。愛召伯來 Févre d'Etaples 則講希臘文法，於是有文典、有字典。千五百二十三年，有伊來之詩，Chants de L'Illrade 二十八年有沙福克 Saphocle 之悲劇，而荷馬之詩，而新約舊約，亦同時以法文現於巴黎。此種運動當然皆出於自由研究之精神。其心目中固別無宗教與非宗教之分。遂大爲當時神學家所詬誶。自千五百二十三迄二十九年競爭最烈。幸爲宮廷所被護，不至摧殘。

當時視古典學爲萬有之宗。且以北人氣質之偏於實在性也，故古典不重其形而重其質。故翻譯事業獨盛，且不重直譯，重意譯，以爲拘於字句爲奴隸的抄錄，其無用與空造誤譯等。譯者之價值，首在自由達意，其間最著名者爲安岳 Amgot 譯柏魯太克之英雄傳 Vies des Lonnnes

Ilustres 1558 道德論 Oenvres Morales 1572 影響甚大，而其功績則一在傳布古典歷史之精神。一在使法國國語加豐富之材料。而成國語文學。（安岳詳下章）

當時譯者欲表現法文之價值與古文相等，以爲凡希臘拉丁文所能表現之情感，法文皆能表現之。樸加斯小說，伊大利人自誇爲法人不能譯，馬格里聞之大憤，卒得最佳譯本，此則北人鄉土觀念强，而國家主義發達之影響也。

佛蘭昔一世之臣，有蒲特。馬格里公主之臣，則有馬洛 Clément, Marot 實法國文藝復興前驅者之雙璧也。馬洛爲當時過渡人物之代表。其教育性質，及詩之形式，均爲中古的。然受個人主義之影響，書中說自己之經歷情感甚多。其爲詩也，隨興所之，不以詩爲美術，而刻苦經營以出之，倡信體詩 Epitre 且譯尾耳其（Virgile 羅馬大詩人）之著作，以其近於新教也，故不能在宮廷，又以其非眞新教也，不能留於舍彌華 Genéve 流浪終其身。（馬格里常保護之）然數新文學之開山，則咸推馬氏。蓋以個人主義入文學爲文學新生命之源，而馬氏實倡之也。

當文藝復興之初期，流派未分，各匯集於佛蘭昔及馬格里之廷。迨其後則流派分而衝突起，法以北系而受南宗之影響，於是從南宗而有文藝復興爲一派，從北系而有宗教改革爲一派。此時有二大對立之代表者，曰拉勃來，曰加耳文。

拉勃來 Francais Rabelais 受文藝復興之影響，較馬洛爲深，其一生事跡，傳聞異辭。其實，初爲小客店商人之子，入修道院，中年好讀古書，爲主教所惡。遂逃去，南至里昂 Lyon 學醫。研究古典。里昂者，法伊交通之孔道而南化入法之總機關也。既復至伊大利，爲教士，後歸法，當千五百三十五年，佛蘭昔一世下教令，禁止新教而人文派遂裂而爲二。拉氏雖反對舊教，而不從新教。周旋於宮廷之間，卒自保爲梅洞教士Mendon以歿。其名著爲巨人傳 Les Grandes et inestimables Chroniques du grand et énorme géant Gargantua 其書發端於「人生應否結婚」而結果於酒神(La dive Bauteille)之「飲」，名舊教爲僞善，名新教爲暴烈，由「理想之國」之「燈」而遂達最後之目的地，亦一種寓言也。

拉氏小說隨興所至而記之，無一定結構。其文學上之最大價值，在歌頌自然之神聖與慈愛以爲至善。云者從心所欲之謂也。所謂惡，所謂苦，皆不守或反抗自然公例之故。故欲爲則爲，無拘束，無勉强，是爲體認自然是爲至高道德之標準。其敘述之理想境，曰泰來姆僧院者L'Abbaye de Thélème 中有云，此院中有惟一之規則曰「任所欲爲」Fais ce que Voudras 且曰，凡自由之人善生善教而與正直之人交，則自然之力，卽足以使之避惡而趨善。Pour ce que gens librés, bien nés, bie instruits conversent en compagnie honnête, ont par nature un instinct et aiguillon qui tonjour. les ponsse a faits vertuex et retiere de vice. 此種思想並非拉氏特倡之，蓋實當時一般心理之趨向也。惟拉氏有文學天才，富於想像力，故其發揮能淋漓盡致，為一般人所歡迎，人或稱其書為文藝復興之聖經云。

然當拉氏在日，其主義無大影響，其原因有三，一，則小說之結構甚粗其寫實主義為一般談道德者所反對。二，輕視婦人，故為宮廷中所排斥。（當時宮廷婦人已有勢力）三，無美術觀念，故美術家多反對之，死後五十年人始尊之。

與拉勃來立於極端反對之地位者，為加耳文，jean Chanvin on Calvin 拉勃來重科學，重實證，而加耳文則重道德，重敬虔，初學法律，後研古學。繼而委身宗教，而為法國宗教改革之首領。以其議論激烈，不能容身於法，逃至巴耳 Bâle 後，至舍彌華 Gêrcre 遂爲該市之宗教專制者。

加氏自舊教觀之，則爲人文派。蓋其研究古文，純以文學之目的研究之，而自人文派新文學者觀之，則純爲宗教改革者。其主義以美之享樂爲縱慾，非人生之最高目的，而放棄自由，斯爲人生之真自由故人當以一身供之上帝，文藝復興在宗教與學術分離，而加氏則一律歸之宗教。

其文體極美，擅雄辯之長，爲今世散文之模範。是時宗教上意見之衝突甚多，各欲自張其軍，故多使用普通語言，以求多數人之了解，此亦法國國語發達之原因之一也。

加氏之宗教觀念，爲信仰的非理性的。其著基督制度 L'institution de la religion chrétienne 先用拉丁文，後譯爲法文，不僅反對拉勃來之放任，即龍沙(Ronsard 詳下文)之美術主義亦攻擊之其文體近煩悶(Ce stgle est trist)故當時從之者少。

是時爲法國文藝復興第一期之終，舊教專制之力，已不復能維繫人心。故思想界只有二途可從：一則復古從拉丁文化，一則爲清教徒爲日耳曼化。故是時爲歷史上一大關鍵。是期一過，歐洲文學遂分爲截然兩途，一爲北派，以宗教道德爲基礎，以成宗教改革。一爲南派以文藝美術爲基礎，而成文藝復興。然法人是時已嘗南方美感及理性之味，故終歸入於南派。

第五章　法國文藝復興(下)

文藝復興之精神要素有三，一爲個性主義，二爲自然主義，三爲美術思想，所謂美術思想者，拉飛耳曾引西瑟隆Ciceron之言曰自然界，非完全之美，故必以個人之情感貫入之，卽以自然界而受美之範圍是也。

尊個性，重自然，爲對於宗教之解放精神。然解放或有過度者，故必以美術思想調和之，而始完全。

十六世紀上半期，如馬洛則倡個性，拉勃來則倡自然，然少美術觀念，故文藝復興之精神，必至下半期，始彌漫於文學界。

文藝復興之提倡功臣，上半期爲蒲特，下半期爲亨利愛底恩。Henri Estienne愛氏家世印刷業，人稱爲印刷之朝（二世紀間出版之書籍迄千餘種之多），其於文學，則排斥伊大利，以伊大利爲墮落之文藝，於宗教則爲嚴格之新教徒，故提倡希臘文學，而同時注意法國本國文學，其著法國文字之優點La Précellence du Langage francais 1579迄今猶有價值。

愛氏非大文學者，而其著作則讀者甚多，故影響甚大，其事業之重要者，一爲提倡古文學，一爲助龍沙提倡美術思想，介於馬洛與龍沙之間，以完全文藝復興之精神，輸入於文學界者，則有里昂派。當時法之里昂，猶伊之威尼斯，爲法伊之孔道，故商業繁盛，思想自由，而伊大利人，日耳曼人，亦與法人雜居一處，其精神生活以激刺而益强，多數詩人咸集於此，故能成爲文化中心，而勢力乃反射入於巴黎。其間最著名者爲馬利斯瑟夫 Maurice Scève 其傑作曰迫利 Dele（其精神上之戀愛者）言最高道德之目的。模仿彼脫拉，爲一種象徵之詩，現今尚有効之者。

瑟氏之後，乃有昂社 La Pleiade（或曰七星會）昂社者以七人組織之，當亞力山大王死後，彼篤勃姆 Ptolémée 即埃及王位時有詩人李閣夫龍 Lycophron 等七人，人名之曰七星會，是爲古時之昂社。及是時乃襲用其名，七詩人者，爲駝喇 Daurat 爲龍沙 Ronsard 爲笛倍雷 Du Bellay

爲倍依夫 Baïf 爲梯耶 Pontus de Tyard 爲岳特兒 Ftienne jodelle 爲倍洛 Renny Belleau 而龍沙實爲之魁。

七詩人均以壯年而學古，用功甚勤，於千五百四十九年，笛倍雷屬稿，以昂社名義，發表一宣言曰，法國文字之辯護。Deffence et Illustration de la Langue français 其宗旨以爲欲表現豐富之思想與情感，決不能恃中古遺傳來貧弱之語言與單調之方式，然吾人既反對不自然無生命之技巧，（指宮廷之彫琢詩人）亦不願如人文派之盡棄本國語言，而專用古文，故吾儕今日要當取古人之精神，使現代之語言改良而豐富之

故昂社詩人之體裁，與馬洛等異，中古時代之詩短而律嚴，其題目極平常瑣碎。而昂社則學古，其詩甚長，其題爲史事，爲愛，爲名譽，爲生死，皆人生大事也。故中古時代之詩可謂爲律，而昂社則變爲歌，爲頌，爲

贊，爲諷，爲悲劇，爲喜劇，而以文學爲一種美術。先是法之古學派偏重於科學哲學，及昂社出，則以爲美術亦當法古，故欲追蹤荷馬，維米耳以文字動美術之情感。時希臘之文學大著俱未譯出，昂社乃譯之，且倡間韻詩。

龍沙 Pierre de Ronsard 少爲王子加耳之侍從。年十八而聾，後乃與駝喇倍依夫等專學古文。千五百五十年，發表其抒情歌，前編四卷，開近世新詩之曙光，一躍而聲名大振。後更爲亨利二世英后馬利 Marie Stuard 伊大利大詩人他蘇 Tasse 所激賞至加耳九世，則贈以詩曰，「我儕共有王冠，余王也，則受之，汝詩人也，則與之，」可知其聲譽之高矣。

Tans deus également nous portons des couronnes
Mais, roi, je le reçus; poète, tu la donnes.

龍沙實爲近代法國詩人之鼻祖百年戰爭以後，龍氏成文學中興之功，其著作甚富。三十五年間出二十集，其影響及於英國，伊大利。其詩，初則模仿彼脫拉，歌愛。有二集，後則自成一家，作頌，作贊，晚年作詩，則反對宗教改革，從王命也。千五百六十年以後，則與聞政治，以其聲譽高也。至千五百七十二年，其大著佛朗西亞特 Franciade 之敍事詩出，則大膽實欲薄荷馬之壘。千五百七十六年，作愛蘭納歌 Sonnets pour Hélène 今法人猶能誦之。

龍沙文學之天才，在其創、造、能、力、其體裁極多，後無能繼之者。卽近世囂俄 Hugo 亦不能模仿之，其功績有二，一與文學界以開創勇氣，一則教後世以詩的藝術。

笛倍雷 joachin du Bellay 少貧病，及與龍沙研究古文，起草「法蘭西文字之辯護」後，乃公表其詩集。中年隨其叔至羅馬三年，懷鄉鬱鬱不得志。乃作「悔歌」(Les Regrets)分二種，一爲詠懷，一爲諷刺，其纖微幽妙之情緒，能入人心之深，故迄今猶爲法國文學中重要之作。(中學生須背誦之)惜早卒，(三十五歲)未能竟其天才所至云。

倍依夫Jean Antoine de Baïf首改詩之綴韻，L'orthographe設學校以敎之，倡十五韻一句之詩，其著作之重要者，爲「迷姆」Les Mimes係一種童話，開後世封登童話Fable de Fontain之端。

岳特兒Ftienne Jodelle昂社改革事業中，戲亦其一也。其模仿古典，而編悲劇喜劇者，則岳氏實倡之，千五百五十年，演其悲劇名Cléopâtre者於宮廷中，既而作喜劇L'eugené岳氏少年，即爲宮廷詩人。惟博而不精，亦早卒，故其天才亦未能完全發展云。

昂社爲一種貴族文學。其詞勝於理。與意大利同。其時異軍特起，以理勝，以內容勝者，曰安岳，安氏家極貧，其父爲苦工，在巴黎求學時，其母寄麵包與之，以度日。爲同學之廝養，然古學甚深，後爲三朝懺悔官。安氏天才雖不及龍沙。而其影響之大，與龍沙同。其所譯希臘書，傳播道德觀念，人生思想，風行一時。其勢力不僅在文學，卽政治，（盧梭羅蘭夫人拿破崙均愛讀其書）繪畫，乃至女人之裝飾，亦受其影響，其所譯英雄傳，能表現各時代、各個性、活動之際，有一種內在甚深之源泉，遂以開蒙旦之哲學之先聲。

蒙旦 Michel de Montaigne 龍沙之後，法國之世界文學者。曰蒙旦。少受其父之教育，長爲侍從官，遊伊大利，日耳曼，後乃歸鄉，送其一生於藏書樓中。受安岳之影響甚深。以其讀書及冥想之結果，爲論說集，Essais 其書之體例，則獨出心裁，而其內容，則取古人之學說甚多。蒙氏以爲眞理者。卽中庸之道。匹夫匹婦皆知之能之。而人生之目的。首在知死之道。死者。人之歸宿也。故人當求得歡笑之容以死。蒙氏實爲厭世派，初篤信宗教，（以基督教亦爲求死之道）後因宗教戰爭而懷疑，乃求之古哲學，而受其影響，自成一種實驗哲學。蒙氏文章極佳，係一種繼續不斷之創造，其厭世觀及爲我主義，爲其文辭所掩。書中比喻甚多，莎士比亞多剽竊之。其爲我主義，則曾自辨曰，書中說「我」者，欲讀者自覺也。

蒙氏以前文學家多以模仿古人爲事，及蒙氏則以道德心理之觀念爲主，別開生面。自成一種論說體。此不獨於法國文學界放一異彩，其風尚實及於全歐者也。

當十六世紀之末，法國受新思潮之刺激甚深，國內有宗教之戰，政治之爭，國外戰事亦繼續不斷。社會狀態頗不安定。識者多憂之，以爲舊道德已去，必須提倡一新道德，於是

拉奴有政治軍事之演說集，La nous, Discours politique et militaires

沙隆有「智」集，Charron La sagesse trois vérités

笛浮耳有犧牲主義之哲學，Du Vair La philosophie stoique

皆欲提倡一種道德，而其結果歸於三要點。

(一)永久的道德　即無論何時何地均應遵守之道德。

(二)法國的文化　是時宮廷多有崇拜伊大利西班牙文化者，此則反對之。

(三)個人對於社會之責任　爲矯正個人主義，故提倡公共利益社會道德。

時當宗教戰爭，故一般俱感社會秩序之必要，文學界亦發生二趨向，(一)不專模仿外國。(二)文學爲造成社會道德之媒介。

因此蒙旦中庸之說大盛，而文藝復興之尾聲即爲古典文學之發軔Classique　蓋古典文學之精神在情感與理性同得其平也。

文藝復興之影響，侵入於法國美術界，不及文學界之深，其原因有二。

（一）法國有中古固有之美術，故其抵抗力較強，雖有君主爲之移植，而不能風行。

（二）建築彫刻受天氣人工材料等種種外界條件之拘束。故外來之潮流，不能完全移入，而國粹派之勢盛。

故當十六世紀下半期，文學之伊化甚深，而藝術界仍絕然分爲二派，一派守其中古遺傳，一派趨向復古，非若伊大利僅僅發展於一方面也。

建築　文藝復興式建築之入法國也。與峨特式建築之入伊大利同。皆以外界之條件不同故，不能爲十分發展。雖然，事實受拘束，而理論則固自由也，故當時之趨向，學理乃先於事實，亨利二世以前所謂建築家者L'architecture實匠人耳，非眞得其本義也。其建築僅以局部之構造，湊合而成，未嘗根、於、學、理、有、全、部、計、畫，如近世所謂建築家也。迄十六世紀下半期，而建。築。於。是。有。學—有原則，有條件，有理論—建築之先，必於紙上規畫其宏大複雜之意匠。於是建築家之義，乃非工匠，而學者，而藝術家矣。此種原動，則食希臘羅馬古典之賜，蓋無可疑也。」十五六世紀間，有二伊大利人，一爲亞拔底 Alberti 一爲賽離奧 Sertio 實傳羅馬建築家尾脫慮 Vitruue 之學於法人。千五百四十五年，賽氏以法語刊行其「建築學。」Livre d'architecture 四十七年尾脫慮之譯本乃出板。其說明附以種種模範，則遺物之尙存於羅馬者也。於是學者既得其原則，乃復至其地，視察焉，測量焉，筆記焉，既歸則公表其所得。如蒲良 Jean Bulland 則有「建築之原則，」Regle d'architecture 德洛姆 Delorme 則有「建築學，」而建築家於社會之聲價乃始定。然非若昂社之爲貴族的，蓋平民而含有學者性質也。

學古所得，最重要者爲美術上之均。齊。與。對。稱。La Symetrice et la équilibre parfait 其以學理著名之大師，曰賽沙 Jecynes Androuet dit du Cerceau 其理論雖間有奇僻，不適於實用者，而希羅之建築之精神，及伊大利文藝復興時代之影響，蓋至此而完全輸入於法國。法國建築術之進步，不始於教堂，而始於王宮。則王權日張之故也。其文藝復興式之最古紀念品，爲洛亞宮 Chateau de Loire 然其屋頂高塔之美，則悉依峨特式之舊。唯其柱及裝飾乃爲伊大利派。其由峨特式與文藝復興式混合而成者，則有巴黎聖愛登提孟 St. Etieme du mont 寺及聖梅利 St. Merri 寺等。白洛亞宮 Chateau de Blois 創始於路易十二，而成於佛蘭昔一世。一院兩翼。一翼爲法之中古派。一翼爲伊之復古派。中古派之翼有廊，以白石爲之，彫刻極細，間以紅石。復古派之翼，有大柱，有神龕，兩翼之建築，相隔二十年。

當千五百八十年迄六百五十年之間，則以文藝復興時代之華美精神，一變而爲單純化。石瓦之結合，所以表外部之美觀者，乃一去其纖細之裝飾。蓋時當戰爭，窮於財，故省其工，而明徵端嚴之趣，乃與當時之古典文學相對稱。

當時法國建築大家，其人物之聲名地位，可與伊大利之拉飛耳相頡頏者，有一人焉，曰雷斯古。Pierre Lescot 其建築物之宏大壯麗，可與伊大利之彼得寺相上下者，有一物焉，曰露佛宮。Louvre

雷氏生於千五百十年，少有天才，家計裕，故能受完全教育。爲佛蘭昔一世所賞識，卽命其計畫露佛宮建築。及亨利二世，乃專任之。其計畫極宏遠。未終而卒，而賽沙繼成之，然設計則本之雷氏也。

露佛宮經多數時代，以種種特色之建設，集合而成。故研究者應辨明其部分，及其與時代之關係，其間面西南庭一角之方廷，則雷氏所作，實爲全部中之至美者。其比例之相稱，態度之莊嚴，趣味之純雅，雖極小之裝飾品，亦無一不保其平均，則實得自羅馬帝政時代之遺物，而能活用之也。

同時足以與雷氏對抗者，則有德洛姆，Delorme生於里昂，長遊伊大利，爲建築學者，見知於亨利二世，其傑作爲亞納宮，Chateau de Anet及佛蘭昔一世之墓。

彫刻　彫刻與建築，爲孿生之子，故當時亦分二派。

復古派（卽文藝復興派）之大家爲古容Goujon其歷史不詳，其傑作一爲露佛宮之彫刻，次則爲亞納宮之獵神，Diane及巴黎无垢泉宮，(Fontaine des Innocents 亦爲雷斯古所建築）之妖女。Nymphe其優美生動，與其謂取法於希羅，無寧謂受當時肖像畫之影響。

古容之次，則有比隆，Germain Pilon 注重寫實，爲加耳九世及梅提西后 Cotherine de Medicis 所賞識，其傑作爲亨利二世及袋落亞 Delois 墳。

中古派之大家，一爲歌崙布 Michel Columbe 爲伯來他尼公爵墳 Duc de Bretagne 及佛蘭昔二世 François II Nants 墳之彫刻者。一爲蓬當，Pierre Bontemps 彫刻佛蘭昔一世之陵，於當時服裝動作事實之細部，皆能忠實描寫，而出以生動之致。

當時中古時代之習慣未除，彫刻俱不留名，故有絕世傑作而不知作者爲誰者，即如古容蓬當亦僅據記載留其名，其生平行事，雖史家亦無從考據之。

繪畫　十六世紀法之繪畫，僅發達於肖像一途，畫家之名留於後世者絕少，人惟知格魯愛父子而已，Jean et François Clouet 是時肖像爲一種流行物，而皆有一定規則，工筆之細緻，顏色之脆嫩，肉色之白，眉目之秀，千篇一律，皆美人也，蓋是時宮廷婦人勢力漸張，美術皆諛之，故一一美化之，而寫實之義亡矣。

縮畫 Miniature 依珐瑯術之發達，極盛於法，其大師為孚格 Jean Fouquet 為敎皇所招，傳其藝於羅馬，迄十六世紀之下半期，則受伊大利影響而漸衰落。

佛蘭昔一世之造封登伯錄宮 Chateau de Fontaine Bleau 實經營於二人之手。一曰羅沙，Rosso 一曰柏里麥底 Primatice 皆伊人也。羅氏為米格安治之高足。柏氏實總建築之成，於是繪畫有封登伯錄派，則強移植伊大利之藝術於法，未能加以陶鎔，故勢力不大。然自此宮之成，法國藝術，乃不為封建的，宗教的，而為王權的。當時藉國民之勢，而政治文學藝術，一一收諸王權。苟無宗教及內外諸戰亂，則封登伯錄派，亦未始不能與萬歲宮（Versailles 路易十四所建宮）爭衡也。

第六章 北歐之文藝復興 弗蘭特 日耳曼 英吉利

北、歐、之、文、藝、復、興、與、南、歐、異。南歐之復古也，在文藝美術，所復者爲希臘羅馬之古，而對、於、中、世、紀、之、宗、教、爲、反、抗、的。北歐之復古也，在宗教，所復者爲基教原始之古，而對、於、中、世、紀、之、文、藝、美、術、爲、繼、承、的。以廣義言，則北歐之宗教改革，實占文藝復興之大部分，其事業詳下章，此章所論，則專就狹義之文藝美術言。

南歐於中世紀其文化幾無足道者，而北歐當十三四世紀時其美術已獨立發展，光燄萬丈，即所謂峨特式是也。其特長在能。寫。實。其缺點則爲乏想、像、力。少結、構、法。蓋寫。實。則。精。神。膠。著。於。事。物，其觀。察。力。愈。深。則。愈。真，而愈。入。於。微。細。故。於。空。漠。之。想。像。力，與。宏。大。之。結。構。力，則。獨。欠。焉。物莫能兩大，勢固然也。

社會之風尙，則亦影響於美術有數世紀不能改者。北歐多貧貴族，以刻苦自傲。故藝術家等諸匠人之列。無獨立自由之位置。故名畫家笛耳 Albert Düre 遊威尼斯而嘆曰「此間。我。爲。主。人。前此。則。食。客。也。」Hier bin ish Herr daheim ein Schmarotzer 此所以南北二宗，雖接觸之後，而美術之發展，猶遲遲迄數世紀之後始告成功也。

亞耳伯山雖高，然不足爲精神交通之障害。南宗文化，遂沿萊因 Rhein 洛納 Rôhne 二溪谷以北流。而開其端緒者，則地中海與北海之商業交通是也。當時漢堡，唐旦，Hamburg Dauzig 與基拿亞威尼斯(Genoi Venis，間有定期航路而旅行生活，及奢侈品等，南北嗜好，漸趨於相同，今姑沿地理之順序以說明之。

一弗蘭特　卽今荷蘭，比利時，及法之北部，弗蘭特與法爲鄰，其歷史多公共者，當十三世紀時，巴黎爲文化之中心。及十四世紀，而蛾特式之美術，遂由法而入弗蘭特。迨其王與蒲耳貢王族 Bourgone 結婚，而弗蘭特之大美術家遂至提容，Djion 其首領曰司呂得。Claus Sluter 其傑作爲摩西井，其價值與米格安治之摩西像同。

百年戰爭，及市民戰爭，Guerre Civile 之起也，巴黎遂失其文化中心之地位，而提容乃代之而興。所謂法孟派 Franco-Flamond 者，一支北行，由提容而入日耳曼。一支且南行由萊因而入伊大利。

時法之奧蘭公娶米蘭公之女爲妻 Dur d'orl'eans epousé une visconti, Volentine de nulan 而伊人浮落耳又爲法王族菲列伯亞提之圖書館長。Pierr de Véroné était l'intendant de la librairie de Phillippe de Hardi

弗蘭特爲北歐商工業之中心地。各地人民，各挾其特種風俗裝飾嗜好、麕集於此。而生活之繁變紛紜，益足以刺激藝術家之眼光。使之覺醒。其時諸侯又適爲提倡愛護藝術之人。故十五世紀弗拉孟畫派，發達甚著。而其時著名大師，於藝術史上有最大之影響者，爲望愛克兄弟 Hubert et jahanne Van Eyck 則油畫發明之祖也。

望愛克藝術天才，在能使蛾特式沉鬱之象徵精神，更深刻而廣遠，而同時能調和於實際生活之中。其發明油畫，則能使色彩有光力，有深度，而表現實物，益得其真。蓋技術常能應精神上之要求而發展也。

時爲十五世紀，南歐繪畫，尚極幼稚，故北來就學者甚多，而其名作，亦南行入伊，故人謂南歐之畫，實導源於北歐者，非過言也。

弗拉孟派以寫真見長，其傑作以畫像爲主，其畫山水也，一草一木，皆依原本，必有模範。Mode 其大師即約翰望愛克，其傑作曰「貞女」一 La vierge an Donateur 畫一荷蘭宰相伏地祈禱，其形容逼真，惟無想像力，故不能超宗教觀念。

望愛克兄弟之後，有大師足與齊名者，曰望特威屯。Roger de la Padture (Van der Weyden) 爲都納人，Tounai 於十五世紀之下半期，執藝於伯魯塞，其忠於寫實，與望愛克相等，而富於想像力，能以疏散屈曲之線，表示其悲憫感激之情。能以聖經之事實，爲大規模結構，其傑作爲耶穌降自十字架，Descende de croix 其中幅爲耶穌之尸在聖母膝上，極其悲慘之致。而左方爲耶穌降世，右方爲耶穌升天。則一方爲生之歡娛，一方爲靈之安慰。蓋三者合而各得其對稱之美者也。

十五世紀下半期望特威屯有弟子曰梅姆林 Hans Memling 人謂其集北派之大成，可比之伊大利之拉飛耳。以其能盡情發揮日耳曼人之天才也。日耳曼人富情感，而弗拉孟人則富氣力，梅氏兼而有之，故弗拉孟派之入德，以此人爲關鍵。

伊大利派與弗拉孟派相接觸，是爲盎浮斯 Anvers 派之始，其始祖曰馬齊, Quentin Matsys 其傑作有「聖安尼」Saint Anne de Bruxelles 及「下葬」Miss an Tombeau d'anvers 此二畫中，兼容二派而少調和。如畫中人物之逼眞仍爲弗派。而結構之調和，則純爲伊派也。然北方之有盎浮斯，則猶南方之佛洛蘭也。

自南北二宗之相接觸，迄十五世紀之末年，而南派日盛。其理想之宏大，結構之調和，乃使北派相形而見絀。蓋北派雖重自然，而於自然之中，未能再加人爲的組織，與情調也。於是弗蘭特畫家，俱南遊學畫，而自成一種弗拉孟派之伊大利畫。然因此而北派固有之天才遂失。

此派發達可分二期，第一期名家有

荷瑟 Jean Gassaert

麻司得 Mostaert 1474—1554

卑勒加 1470—1532?

爲一種調和派，以弗蘭特之意匠，而加以伊大利之裝飾者，其畫中人物，仍爲峨特式。

第二期之大家有

望奧來 Bernard Van Orley 1490—1548

哥昔 Michel Coxie 1499—1592

佛落利 Frans Floris 1518—1570

馬丁特浮 Martin de Vos

則以羅馬古英雄代峨特式之人物，漸與背景裝飾相稱矣。自是以還，南北二宗日益接近調和。遂爲呂彭之先驅。呂彭 Rubins 之寫實，寫情，寫力，無不精緻，其繪畫史上之地位，不在拉飛耳下也。然當時弗拉孟本派尙未失其地位。蓋當時風尙，一則喜購本地風景畫，一則喜畫像，則皆北派之特長也。其著名者有蒲許 Jérôme Bosch

則以富於理想著。其傑作有「聖安東受魔」繼蒲氏後者有柏呂格 Breughel 其傑作有「天使降凡」及「殘殺無辜」等。
麻洛 Antonio Moro 荷蘭人，爲荷蘭畫派之代表者，人稱之爲畫像家第一。曾至西班牙，受梯洮恩畫派之影響，其傑作有亞耳伯公爵像。Le Duc d'albe 亞耳伯公爵者，西班牙所遣之駐荷總督，以殘酷著，而此像實能表現其殘酷之精神。人謂其以望愛克寫眞之筆，梯洮恩肉感之色，調和而成。其背景尤善於烘托，故一望而人骨爲之悚云。
二日耳曼 日耳曼之文藝復興，當十六世紀之中葉，而運動驟衰。則宗教戰爭爲之也。先是萊因多腦河二流域間，人文派之勢力絕盛。十五世紀中日耳曼有十五大學，而其間八大學，均教希臘拉丁文字，故古學之盛，實不亞於南歐。
古學派之倡始者，爲拉許林 Le Badois Reuchlin 爲 Jubinger 大學之教授，提倡希伯來之學問，且爲希臘學大家。

北派之古學中，有負極大之盛名而勢力幾及於全歐者，曰愛拉司姆。Erasme 1467—1536 生於洛得旦 Roterdam 其著作俱爲拉丁文。始學於巴黎，繼爲代表，至伊大利，入羅馬，與英親王馬慮（Thoma Morus 英之人文學者）爲友。爲牛津 Oxford 劍橋 Cambridge 大學之教授。弗蘭昔一世曾欲聘之爲法蘭西學校校長，卒未就。卒於巴耳 Bale 爲新教徒。而與路德宗旨不同。其事業在註希臘拉丁之書，且以拉丁文譯希臘文之舊約全書。其名著有愚公頌 Elage de la Falis 係一種諷刺當時社會之作。各國皆有譯本，爲拉丁文之模範。且言宗教與道德當分立。此言在當時則甚特倡也。

日耳曼古學甚發達，而美術則否，則以當時政治及社會之條件實有以束縛之也。日耳曼貴族既貧，且無意提倡美術，而美術之地位益低，且沈鬱寒冷之天氣益足以促人迴向內觀，而於表現之力特缺如焉。當加爾四世時有伯喇格 Prague 派，是爲日耳曼畫派之始。迨其後有哥崙派，其大師曰司提芬，Stephan Lucher 然未能自成一家。自弗拉孟派以寫實見長，而哥崙之理想派，乃日益消歇。於是南日耳曼有「許閥朋」Schwoben 派能於寫實理想之間，別求一種新路，其大師有霍爾彭 Holbein 一族，則父子兄弟世濟其美者也。

老霍爾彭 Hans Holbein d. a. 奧斯堡人，Augsburg 其畫受拉孟派寫實之影響，而仍不失其理想。於日耳曼美術中自成一種特色。其弟 Singmond Holbein 繼之，則於色彩之調和更增以風致。其子 Hans Holbein d. j. 則挾其術遊瑞士遊法國，而終至於英。爲亨利八世之侍從，卒於倫敦。其繪像俱爲英國宮廷中人物，其傑作有達隆市之貞女 · Vierge de Daronstadt 有愛拉司姆像。人謂以日耳曼人而能理解調和莊嚴之美有法人風味者，惟霍氏一人云。

當時日耳曼商業市之最大者為奴恩堡，Nürnburg 故美術之中心亦在於是。其美術品為木彫與銅刻。而十五世紀以來，漸受繪畫之影響。一改從來板滯之習。其首領有伏爾魔 Michel Volgemuth 至十六世紀之初年，而笛來出，是謂日耳曼美術界天才第一。

笛來 Albert Düre 奴恩堡人，為鑄金匠子。後學畫，兼彫刻。（木，銅，）一五〇五年，遊於伊，至威尼斯，既而至英，其畫能發揮日耳曼人之特性。蓋其理想之深遠，與觀察之精密，有獨得其精者。故其表現焉，於形則生動。於色則調和。且偉大，且簡單，卓然可以與拉飛耳相對抗。其傑作多宗教畫，人謂其功德與路德相同，蓋路德傳布耶穌之教義，而笛來則傳布耶穌之教像也。

笛氏之天才本質，與伊之名家同，而其風趣尚有不同者，則環境為之也。伊人得希臘之美化，故其理想觀察之表現，得調和均整之致。而笛氏處北歐週遭爲苦澀之社會，且笛氏之畫藝由木彫而進步，非若石彫之清脆而爽利，故其畫常有澀滯艱險之影。蓋南伊之畫，於實際得人生之樂，而於精神上則含有宗教憬憧之苦痛，而笛氏乃適得其反。其快樂在精神，而人生實際之苦痛，則其寫眞之術愈長而表現益著。其傑作有「四福音者」Les quatre Evangé listes 其特色在偉大而簡單。有「埃及之休息」Le Repoten Egypte 其特色在理想之深遠。

於霍爾彭笛來之外，別樹一幟者曰克拉內克。Luca Cranoch 爲新教信徒。畫宗教改革者之像最多。其畫有和樂之氣，故爲日耳曼女性所愛，然終不脫鄙野之氣，其自署名曰毒龍是爲索遜派 L'ecole Saxone 之始祖，喜畫裸體而多失敗。

日耳曼人於裸體畫無一不失敗者伊人於此則最成功。蓋裸體不恃寫、眞、而、恃想像、力也。拉飛耳言欲畫裸體美人，決不能用模，有時雖有模，亦不足用，蓋須以己之想像力補之也。

十六世紀下半期哥崙派既衰，而伊大利派漸起。是時適當宗教戰爭，其元氣經百年而始復，而其國民固有之美術，喪失殆盡。於是伊大利派法蘭西派官學派 Acad'emie 新希臘派 Nie Hellenisme 拉飛耳派乃至印象派等。雖宗派繁興，而皆非日耳曼固有之藝術也。

建築一項，則日耳曼人能保有其歷史之精神較法人爲强。觀於萊因多腦河畔之教堂可見也。十六世紀中，則教堂之裝飾，亦有從伊派者，其可稱謂文藝復興時代之建築者，惟哥崙之市政廳耳。然猶有峨特式之風味焉。

三英吉利　英國當十六世紀之初，淸教、徒、未、興。而索遜民族之享樂主義大著，國土雖少天惠，而工商業漸發達，物質之享用慾日强，則有如暴發之富戶，其生活、嗜好、向各、方面、自、由、發展、蓋不僅宮廷首都爲然，卽鄉曲里巷生活亦日以改善，而戲劇詩歌，遂爲人生一般之娛樂品，故人稱伊瑟倍朝 Elisabeth 爲享樂時代。Merry England

英人之性質，有與法人相同者。其研究古文也，非盲從，非模倣，實欲藉此以提倡本國文字。故當十四世紀時，政治用語，俱爲法文者，迄十五世紀乃悉改英文。都來 Richard Tollel 於一五五七年，發表一詩集，Songes et Sonnets 以證明英文之於詩，與法文拉丁文有同等能力。

古學派在英亦極發達。其提倡者，首自宮廷。貴族如亨利八世，使其子學希臘拉丁文，而厤洛氏 Thomas More 則以拉丁文著烏托邦。Utopia 愛拉司姆亦云，英國古學之發達，在伊大利之上。是時英法伊文學上之交通甚密切。如女王伊瑟倍贈大鑽石與龍沙，而樸加斯，蒙旦，龍沙之著，俱譯成英文，流行至廣。

開英國新文藝之先聲，人乃以之比於伊大利人文派先祖彼脫拉者，曰濡來伯爵。Surry則以騎士之生活，舒其嚴肅悲哀之情以爲詩。雖未能感時代生活之真味，而率直之氣，則能開新詩自由之形式焉。濡來之後，有二人焉，曰斯賓塞，曰西特尼。Edmund Spencer, Sir Philip Sidney斯氏善諷喩詩，能得時代精神，而其思想之豐富，想像力之偉大，音律之流麗，實與伊人他蘇相似。其名著有Faerie Quene，則以其柏拉圖主義，調和騎士的宗教，及希臘的異教，精神者也。西特尼則自騎士出身，故於文藝復興之享樂優美精神中，能加以熱烈之情感，及義俠之氣概，其傑作有Arcadia則鼓吹其道德上之情操者也。昔人謂文藝復興之運動，但丁開其先，而莎士比亞集其成，玆言當矣。吾今特借此不朽之詩人，爲吾文藝復興史作一小小結束。

英法語有所謂Crisis者，東譯爲危機，當矣。然不可作漢譯，漢譯無適名，或「重要關鍵」近似之而不足表明其「時間」性。則亦姑謂之曰「危機」已耳。英國民族之在文藝復興時代，則正所謂歷史上之大危機是也。

其在政治上，則新教初立，伊瑟倍女王方利用國會以抗教會，而卒爲教皇所破。一五八五年，與西班牙開戰。而其時世界第一大海軍國，方傾全力以壓迫此區區三島者，而卒爲所敗。三百年來海上權之代興，實始於此。

其在文化上，則肉食者方易手以叉。（肉叉自南伊輸入，）行旅者方易騎以車。伊瑟倍女王始倡之而動具之以木製者，漸易以銀以錫。卅萬人口倫敦道路之中心，始漸有所謂鋪石者。惟時泰晤士河上，只有一橋。橋上有門，門之上則常懸其示衆之首級。河之西爲城，河之東則錯落者戲園在焉。

戲園凡十有九。而遊動劇不與焉。此可知當時之好尙矣。然俳優皆役於貴族以自保而貴族諸子，亦以提倡風雅自鳴得意，故當時戲劇，羣衆與貴族同嗜，有雅俗共賞之致。

是時淸教徒雖未大占勢力，而市民之攻擊俳優者，亦復不少。彼以爲作詩者說謊也。故詩人殆與說謊者同類。而於俳優之裝飾，尤以爲明犯教例，壞亂風俗。故倫敦市中，劇場無容足之地，而所有建築，俱在市外，其著名之圓頂劇場，則在熊戲場之間壁，其腥臭嘗令觀劇者掩鼻云。

劇場之主，則或爲著作家，或爲演藝者，其時有名士派，其爲人一生無定蹤，自戲園而酒店，而監獄，而當鋪，而不知所終。時有質裘以沽酒者。如馬洛 Marlow 氏則在酒鋪中與人相鬨而死是也。

要之此時英國正處於感覺生活與理想生活之間自相矛盾之處，社會有然，個人亦有然。而莎氏之天才，則亦發達於矛盾衝突之間者也。

威廉莎士比亞 William Shakespeare 生於司脫拉伏 Stratford 其年爲千五百六十四年卽伊大利文藝復興之大師米格安治棄世之年也。其父爲肉舖，（或曰糧食舖）之主人，後破產，莎氏十八歲卽結婚，半年而得子，其妻年則二十六也。廿一歲已得三子，在鄉間作詩以刺其紳，紳怒，乃至倫敦，與諸「名士」遊。當時風氣，以遊伊大利爲一生大事，莎氏無資以備旅費，則多讀古學書。

當時倫敦之貴族，皆各有劇羣 Truppe 若食客然。其藝員亦各飾其主之徽。Wappen 而莎氏則屬於貴族來賽思脫之羣，Lord Leicester 其在演劇時，常飾丑角。Konicker

莎氏二十五年間，每日劇場勤務，上午試演，下午三時起實演，而每年必編一二劇本，其精力可爲絕鉅。惟其稿本生前無印刷者，蓋當時劇

場懼人竊其稿，故著作之印刷於生前者，僅有詩集二種。其劇本則死後百年始大盛也。莎氏著述事業，可分四期，

一少年時代　發揮一種奇特之想像力，如夏夜之夢之類，是時猶專以改編戲劇爲事，其著作多春氣。

二卅迄卅五時代　漸移空想及於事實，而人生生活之實味，亦漸發達，其著作多史劇。

三中年時代　是時莎氏喪其子，且人世之不幸，經驗甚多，故爲憂愁失望時代，而其最大傑作，亦即成於是時，其著者即

Jules César　該撒　言自由。

Hamlet　漢姆烈德　言運命。

Othello　奧堆洛　言妬。

Macbeth　馬瑟士　言野心。

The King Lear 利亞王　言愚。

Tunan 脫南　言人類之惡性。

四晚年時代　自第三期之沉痛激切漸復於平穩，然漸帶一種神祕性，千六百十年後則歸鄉，不復從事於著作。卒於千六百十六年四月廿三。

以莎氏之著作與但丁較，而文藝復興之思潮，有較然可以易見者焉。但丁爲主觀敍述，莎氏純爲客觀記載。但丁示天國，而莎氏劇中則對於未來世之信仰，幾於絕無。但丁寫中、世、紀、之影，而託蹟於荒、唐、奇、異、之神、境。莎氏則以現代人生之實事，表現其深刻慘痛之精神生活。數悲劇中，一方則宿命說極盛，一若天生人類實專以供「運命」之犧牲者，人當一一聽其宰割，而人類之最大能力，不過於被其宰割痛切時呼一聲痛而已。一方則自信力亦極強，以爲人生幸福，惟己之志意。智。慧。能。力。以。爲。定，靜以思，勇以行，而人情義務、道德、絕對、無所、用其、顧、慮。權謀，術數，殘忍，刻薄，實爲。人。生。成。功。之。原。前者如漢姆烈德，後者如依耶哥，則純乎爲。現。世。思。想。之。結。晶。也。

編者案，是章之末，本有西班牙文藝復興之標題。當時講師以事故乃略之。其實西班牙於是時歷史，關係至鉅。蓋東方文明，西班牙實承之。而美洲發見，亦爲西班牙之事業。其畫派，則繼承伊大利威尼斯派而獨立發展。文學上亦卓然放其南人情熱之特徵。而於法國十八世紀之文藝，大有影響。惟編者以材料不備，匆匆出書，暫付闕如，他日有暇，更當續之也。

第七章　宗教改革（上）

太因氏於其英國文學史中有言曰，宗教改革與文藝復興爲一表一裏，一正一反，質言之，則所謂同流而異趨，一本而二幹是也。

所謂同流者何也。曰由復古運動，而對於現狀有所不安是也。希羅之文學美術，固藉古文派之勃興忽發異彩，而原始基督教之主義精神，則亦藉古文而始顯其真。其間最重要一事，即爲聖經。聖經有繙譯，而人人得直接於上帝，而教皇與教會，乃蒙其致命傷矣。

所謂異趨者何也，曰同是復古也，一則復（耶穌以前）希臘羅馬之古，欲以歐洲文化，返於偶像時代，此則文藝復興也。一則復耶穌之古，欲以歐洲文化，返於原始基督時代，此則宗教改革也。然潮流之方向雖同，而其目標，乃極端相反。則前者離宗教而入自然，崇現在，尊肉體，而後者，則尊未來，黜自然，以禁慾刻苦爲事，而返之原始之真正基教也。是故二者在智識範圍內爲兄弟，在道德範圍內爲仇讎，一以古文研究哲學科學，（非宗教的）一以古文研究宗教，而研究之方法則相同，如加耳文之提倡宗教改革，而同時又爲古文學之大師是已。

路德改革運動之發機，則實爲文藝復興之反動。蓋亦可謂北歐對於南歐之奢侈縱慾之反動也。因北人向來關心於道德問題，重內觀，近於宗教的神祕性，而反對審美自然主義也。

以加耳文與拉勃來（見上文法國文藝復興節）二人之文學較，則二者之相反，益可概見。前者反對肉體之快樂，以爲人生最大自由，在對於上帝而犧牲。其自由是已而後者崇自然，以爲至高道德云者從心所欲之謂也。

吾於首章既述南人北人性質嗜好之偏尚，及希臘主義與希伯來主義之不同，則於宗教改革之遠因，已得大概。茲不復贅。然題前猶有當先行敘述者，有二事。

（一）爲當時宗教上之情形

（二）爲當時政治上之形勢

宗教上　（一）教皇　自加耳大帝以還，所謂帝（卽神聖羅馬帝國之首領）皇（卽教皇）者或以利而合，或以利而爭，擾擾者亙數世紀迄十六世紀教皇之權旣達極點。然內部之弱，與外、勢、之、張，殆用、正、比、例、之、程、度、以、進、行。其著者有二事。（甲）政治運動　政治運動，教皇外勢之張之徵也。然其原因實由於宗教勢力之衰。（十字軍之失敗、希臘教之西來、地方主教勢力之擴大）則其內部之弱徵也。所謂「皇如日帝如月，」所謂「王之王，」名則美矣，然充其極，變爲人間一君主，而一般人之反抗，日益擴大，其間亞歷山大之不道德，尤爲指摘之媒。（乙）提倡美術　希羅派美術之勃興，自宗教上之主義言，則致命傷也，而教皇乃提倡之，蓋所以投時好以收拾人心也。藉其財力，窮侈極奢，以博一時之威、嚴、尊、敬。而不、知、其、表、面、之、榮、華，卽自鏟其勢力之根也。

（二）聖經　自古文學之興，而直接讀聖經之人遂多。自聖經繙譯印刷之後，流布益宏。於是發生兩事，（甲）原始教義與教會教義不相合。（此種運動與淸代漢學之與絕相類蓋羅馬教會自造其適於教會之教義，以釋聖經，有如功令之尊朱註也，）（乙）教皇之窮奢極侈，與原始基教之刻苦貞節絕然相反。

（二）教會　中世紀之末，教會之淫逸奢侈，史家多能言之，而尤爲腐敗者，則莫如財政。其遭社會之指摘者約爲下四種。（甲）教稅　先時教皇有時至法國，則築離宮於亞米農Avignon費不支，乃徵稅於教民，後宮成而稅仍不撤。（乙）產業　管理教會產業者，須預繳一年收入於教皇而管業者，復設法剝削教民，以補之。有若今之包辦稅釐者，其流弊甚多。（丙）贖罪費　人犯罪可朝教皇或捐款以免之後不必朝教皇懺悔，但納捐款可免罪。（丁）赦罪劵　納一定之捐款則可以免末日之裁判，而此種發賣乃委之銀行，有若賣股票者然。

要之帝皇相爭以來，日耳曼之帝制既衰，羅馬教皇之末日亦漸近，而其間各民族之國民感情發展亦爲其重要關鍵。十四紀教皇入法以後，威信日益掃地，而皇位紛爭，會議頻複，卒無結果，而虎司遂首創新說，雖遭焚刑，而人民之厭倦教會之聲益著。迨路德之生，則正所謂山雨欲來風滿樓者矣。

政治上　宗教改革之氣運，幾彌滿全歐，而德國乃獨首發難者，則政治上形勢使然也。

（一）君主與諸侯　是時各國王權漸張，若法國藉國民之愛國心而擴充其王權，其尤著也。獨德國則自帝政失敗以來所謂帝者，僅一虛名，中央集權之勢最弱，對於教皇無反抗之力，反結託之以自固。故赦罪券販賣，獨盛於德國。然當時諸侯，既強有力，則就其地位言，自易傾於反對。故路德之創新說，各諸侯多予以同情，且是時國民自覺，既漸露其端，各諸侯漸有互集而為統一運動之勢，此種運動，實繼承帝黨對皇黨之惡感，故反對教皇，實於信仰運動中，參有愛國運動的分子。

(二)小貴族　德國武士中，有直參武士者，初頗與聞政治，而為大諸侯所壓，頗鬱鬱不得志。及宗教改革之運動起，則大多數翕然從之，以反抗法王，藉以改組德國奏統一之事業。如西肯金 Sickengen 虎登 Hutten 其首領也。雖卒為大諸侯所摧殘，而民心益趨向於此焉。

(三)自由市　中古自由市之發達，其繼伊大利而起者，以德國為最盛。此種市民發達自商業。其眼界既寬，其目的多偏重於事實，故宗教儀式的迷信，逐漸減少，而自由之風氣益盛。此亦聲氣上有傾向於新教之勢在焉。

(四)農民　當時德屬農民與地主，蓋仍然為奴屬關係，而農民間不平分子甚多。對於豪侈生活，尤形厭惡。其性質益純乎有社會主義的色彩，故對於新教的革命，不僅同情，且有過激之感。要之宗教改革原因於北人之氣質及內在之人生觀者，固為其主要部分，而事實上其流行之所以速且遠者，則政、治上、之權、經濟上、之利，二者實有以濟之。蓋先時「教會特使」之主教，頗足以掣諸侯之肘，而新教無教會，其教士專力宗教，與政治無絲毫關係。而諸侯之權，得藉之大張，有時且兼宗教政治而為之長，此各諸侯之權力地位上關係也。中古時代舊教有裁判權，而裁判之收入甚大。各修道院，亦多產業，諸侯從新教得以收歸裁判權及修道院，於政治財政，均有大利存焉。

附記　當時有摩頓派修道院之大長老，曰亞耳陪者，脫離教會，娶妻生子，自成一貴族者，即五年前震撼世界普魯士王室之祖，霍亨查崙氏也。

宗教政治上之形勢既如彼，今當敘述者，則德國人文派發達之經過是也。德國人文派之發達，與伊大利不同者有數點。

（一）伊大利之人文派有貴族爲之提倡，而德國之人文派，不流行於貴族，而發展於學校是也。有Enea Silvie者人稱爲德國人文派之鼻祖，常言曰，「彼（指貴族）好狗馬，甚於詩人，故詩人亦如狗馬之無聲無臭以終，」此其憤激之情可想矣。蓋北人而武，必爲武粗可知也，故當時輸入人文學說者，首在少年之學生留學於伊大利而歸者，其歸而盡力乃專在學校。

（二）伊大利之人文派，成一種民族的精神潮流，其勢極猛，繼續發展，幾二百年，而當時之反抗者其力甚弱。故其結果雖反抗者亦竟爲時代思潮所席捲以去。而德國則人文派之流行，僅僅五十年，反抗之力甚强，新派卒不能勝，而潮流之趨向，乃逆入於宗教改革，而引起民族上絕大紛擾。

(三)伊大利之人文派，其勢力及於國民全體。其功效及於全體之人生觀。而德國之人文派，勢力僅及學者社會，功效僅及於學問上關係。全國國民，及宗教問題發生，始全體有所動搖，其始則僅僅一部分事業而已。

(四)伊大利之人文派，則教、俗、上、下。均為同一之進行，(教皇且首先獎勵)而德國則人文派自身，且分黨派，或為國民的(卽一派尊重伊大利一派主張德國化)或為神學的，或為學問的，要之保守與急進、二者、於同、一、方、向、之、內、為、對、抗、的、進、行。惟其然也，故但丁於人文派之始，卽為國民文學，留不朽之作，而德國最初則新文學頗受壓迫，迨人文派轉入宗教改革時代，始有路德之德譯聖經，為國民文學之始。

德國人文派之發展，約可分為三期，第一期為神學的，第二期為學術的，第三期爲論爭的，其時間大約自千四百七十年，迄千五百二十年，五十年之間。

第一期神學時代，　中世紀學問，首在教會，故古文之興，亦藉神學以爲始基。其在德國所謂人文派之先驅者，如魯特 Luder 等皆以牧師而兼教習，傳布古文。惟因神學而研究古文，而古文中之非神學者，自不能不連類以及，而精神上自生一種矛盾之蓄。初固不敢公然反抗也。而世界之可欲者，乃常來引誘其心，則或中途廢輟，自以爲藉此足以救靈魂之污者，或竟沒身於寺院，以求離世而獨立。此種事實，殆成爲當時一般風氣，此中代表，如亞其利古拉 Rudorx Agrikola 1443—1485 其一例也。

第二期學術時代，　至此時代，則學問爲教會專有之信仰已去，且更進一步以爲惟與、外、來、境、遇、無、關、而、能、以、自、由、之、精、神、研、究、者、始能深入神、學、問題、之與，而有、所、得。是時研究範圍益廣，更由拉丁文進求而希臘，而希伯來，而地理，而歷史，凡從前所謂知其然者，更進焉而求其所以然。而國民感情亦隨之日益發展，自馬西米良 Maximilian 之鼓吹之提倡，諸侯，學者，競立學校，一以雪野蠻之名，一以對於他國民，求同等之文化地位，而歷史學之發達，實為國民自覺之基，蓋第一期僅為內在精神，卽習、慣、與、新、智、識、之、戰、爭第二期則漸入對象，而啓對外競爭之端矣。

第三期論爭時代　自第、一、期、習、慣、與、新、智、識、之、競、爭、經第二期學問上深沉之探討，至第三期乃漸一變、其、保、守、態、度、而為、攻、擊、態、度、其氣燄益張，是時所爭，蓋不在表面之形式，而在精神發展之根本問題，而國民的情感，迄此時乃達最高度，前此以羅馬為文化精神之中心者，一變而輕視為教皇之駐在地，再變而疾視為精神專制之策源地，昔時以教皇爲神聖，爲道德，今乃見其豪奢放縱，而嫌惡攻擊之情乃益著。此則宗教改革之由來，蓋亦積久始成，而非一時暴發者也。

教皇來翁十世 Leo X 人文學者之首領也，既即位則獎勵文學美術，繼儒略二世 Jule 彼得寺之工，徵圖於拉飛耳，工大而費不貲，乃發行赦罪劵，遂招物議，而爲宗教改革之導火線。

赦罪劵，發行於德國者最多，蓋北人信仰心堅固，而教皇之權亦較大也。而梅因只 Mainz 僧正（途迷納庚教會之首領 Dominikan）以得相當之回扣包辦之，且委其事於銀行，銀行則純以商業法，用招貼廣告，受回扣，以獎勵之，識者益大譁。

而首發攻擊之矢者，實爲馬丁路德，時路得爲威丁堡神學教授，四年前以極誠意往羅馬，朝教皇，既至，見教會之淫侈，則大驚其腐敗，歸而鬱鬱，既而赦罪劵行，則作文非難之。路得不屬於途迷納庚派，教皇初以爲此係教會中二派之爭，未介意也。以赦罪劵爭論之結果，則問題漸及於教皇本身，時路德在來伯且Leibzig大學，與教授愛克Eck開公開討論會，遂宣言「教皇，宗教會議等，其言行決不能保其無過失，唯一之正確者，聖經而已。」則其勢日甚。教皇遂下破門之令。方令之到，路德則大集其同僚學生，投其令於火，而宣言與教皇脫離關係。且公布其論文云，教皇決非耶穌之子，是爲千五百廿年十二月十日事，而宗教改革之正幕開矣。積薪既久，則星火可以燎原，路德之攻擊赦罪劵，星火之類也，而在德國，乃竟成燎原之勢。上自貴族，下迄平民，無不信之，時帝國忽發生帝位問題，西班牙王加耳五世，欲利用教皇之勢抗法而卽帝位。於是有伏姆司會議，Worms召路德與會，初意在調和，而路德確守其說不移，遂受廢止保護之宣告，唯當召喚時，有擔保旅行安全之約，遂護送至威登堡而索遜公則保護之，匿之威登堡城內，路德於是時，乃從事以德語繙譯聖經之大業。

加耳五世，頗有雄心，故內招教皇之忌，而當時大諸侯，及自由市，則藉國民自覺心理以反抗之。益表路德以同情。於是於千五百二十九年司伯衰 Speger 之會議，有五諸侯，十二自由市，聯盟對於二十二年之決定書，提出抗議。新教之一名抗議者 Protestant 自此來也。千五百卅年，加耳五世既勝法軍，乃於巴龍尼亞 Bologna 受教皇加冕之禮，(此爲皇帝最後之加冕式)歸德，至奧斯堡 Augsburg 親臨帝國會議，以謀解決宗教問題。新舊教徒，仍無妥協之望，議會遂決議，排斥新教，而新教諸侯，以索遜公爲首領，結同盟以自衛。時土耳其西侵，暫於奴恩堡，結宗教會議，既而同盟失敗，至千五百五十五年，始成所謂奧斯堡宗教和議者，而新教遂得自由。迄十六世紀之末，則德國之大部，及瑞典那威，凡北歐諸國，無不改宗矣。

就德國之宗教改革言，則路德固爲其主體，而就宗教改革全體之事業言，則應共舉者有三人，曰馬丁路德，曰烏利司文格，Wrich Zwingle曰約翰加耳文John Calvin

司文格瑞士人，少修業於維也納，後爲巴塞大學Basel拉丁文教授治神學，既而爲牧師，精聖經，而後感當時教會之說，與聖經原文多出入。千五百十八年，大反對赦罪券，既而爲泚列許Zürich牧師，則盛倡新說，其言論較路德之說尤爲合理的。歸依者頗衆。權勢絕大，幾有當市總統之觀，既而與路德派相聯合，欲於政治上有所改革，時法國常傭瑞士人以充兵，司文格以爲人身買賣，大攻擊之，故爲鄰州Canton所不喜，以武力迫之。千五百卅一年，戰於加伯耳，Kappel司文格戰死，其宗雖衰，而其學說，則流布於瑞士頗廣。

加耳文之歷史，詳前章，其教別成爲加爾文派，則英法新教之祖也。初學法律，以倡異說不容於鄉里，則逃至瑞士，至舍彌華爲牧師，大得市民之信用，遂爲一市之主。司文格失敗以後，其餘黨多歸之。其教會之組織爲共和的，其派盛行於德之自由市，及荷蘭蘇格蘭，後稍變其形，以成英國教會。

諸宗教改革家之地位學說，有其相同者焉，有其相異者焉：其相同者，（一）出身均微賤也。路德之父爲工人，讀書時曾沿途唱歌，以自活，後得人助，始得畢業於神學科，司文格則鄉間法官之子，Ammann加耳文爲小商人之子，（二）脫離教會之動機，時日不大相先後也，路德於千五百廿年，司文格於二十二年，加耳文於卅二年，（三）同爲。革。命。的。事。業。而皆。以。頑。固。自。命。也，其攻擊教會也，非以其信仰過甚，實以其信仰不足。故皆排斥文藝復興之藝術，以伊大利爲懷疑過甚。

路德且曰，上帝之言如以理性批評之，卽爲無信仰。（四）同爲古文學家也，司文格爲拉丁教授，路德譯聖經，加耳文尤以古文學大家著。至其關於宗教上之意見則各不相同。**路德之反對舊教也爲情感作用其根據在良心加爾文之反對舊教也爲理智作用其根據在理論**。太因氏謂路德之改革宗教，爲良心之悲劇。

司文格加爾文俱與聞政治運動，而路德則專事宗教，立政教分立之基。司文格頗有共和氣味，而路德則頗近於專制。路德且不自認宗教革命，尤不主張政治革命。時日耳曼農民，感於新教解放之學說，聞耶穌平等之義，與地主貴族頗有衝突。而路得乃斥之爲瘋狗。且曰「抵抗痛苦，爲偶像主義。人生之痛苦，爲上帝所賦予，當順受之」故後來農民，多遭殘殺。

路德於末日裁判一事，甚注意，且深思之，以爲上帝是時，必極公正，而吾儕種種罪惡，實無法以自免。所可賴者，上帝之慈悲耳。故吾儕惟有一途，可以自解，曰求上帝。求之云者，當直接動作，不必賴中間之紹介人物如教皇教會之類。

路德以爲罪也者，與有生以俱來，欲得赦免，惟在信仰。信仰在愛上帝。(故爲情感的)路德自言，信仰至誠，一日自覺更生，覺天堂之門爲之開云。

司文格之宗教論則與路德不同。彼不信人類原始之罪惡，除信仰以外，以爲人類苟能行善者，上帝亦必赦之，其致書法王佛蘭昔一世，謂王得如荷馬蘇格拉底同昇天堂，蓋皆基督教以前之羅馬人也。彼以爲自有人類以來，凡忠直勇敢，有道德者，俱得入天堂，而路德非之。

加耳文則深信人類原始之罪惡，以爲人除爲惡外，別無本能。惟其立說爲論理的。加耳文與路德俱信人類之自拔，唯在信仰，不在其行爲，且曰信仰者，人類與上帝之直接談話也。上帝之言在聖經，而天主教之聖經註釋，俱可不用。

攻擊註釋一事，路德與加耳文之意見乃相同，嘗曰如有人言聖經意晦者，即當答之曰，天下未有明白曉暢如聖經者。

要之宗教改革，實爲當時一大革命事業，舉一千五百年以來之種種教、會、儀、式、條、例。爲之一、掃而空。如地獄，聖德，教皇與教會，彌撒，神像，聖母，聖蹟，等，凡福音所無者，一律去之，而餘者爲聖經與祈禱二事耳。舊教以教士處社會上特別地位爲上帝傳教，故不得婚娶，而新教則謂教士地位與尋常人等，故可婚娶，此則其不同之大綱也。

第八章　宗教改革(下)新教之流布及舊教之改良

南方人、文派之興本沿多腦、萊因、二大流以傳、播於全、歐多腦河、東流、南、下、沿是域者，則入於德國之腹部。萊因西、折、北、向、沿是域者，則由德之西部，而及於法及於英。德之宗教改革，則路德倡之，而參以國民的、自、覺、之、意、味、自奧斯堡會議，決定信教自由以還，新教徒之勢力，如日冲天，除南方一部分外，殆無一非新教者。英法之新教運動，則加耳文發之，而參以君主之政畧作用，其運動經過之大畧如左方。

英王亨利八世 Henry VIII 初自著書以駁路德，教皇乃加以護法之美名 Defender of the faith 迨其後欲廢嫡后而娶宮女安那博來 Anne Bolegn 教皇尼之不許。（以后爲加耳五世之甥）於是於千五百三十三年，得議會之同意，與教皇絕。自爲英吉利教會之元首。Anglican Church 依自立的宗教裁判，與后離婚，且廢寺院，沒收其土地財產。故英之改宗，不獨人民信仰上之關係，亦羣衆不滿意於教皇之干涉，宗教之外，又參以政略意味者也。

亨利八世雖與教皇斷絕關係，然猶守舊教之教義，及其子愛德華六世，Edward VI 於千四百四十七年即位，則藉格喇姆 Cranmar 大主教之輔佐，以新教之教義爲精神，而仍參用舊教儀式典禮。是爲英吉利教會之基礎，亦盎格魯索遜人種之保守改進同時並進的辦法也。其教義除以王爲國教元首之外，大致皆從加耳文之說，迨愛利陪女王，以聰明果決之資，即位，遂確定所謂三十九條者，而英吉利教會遂成立。（愛利陪爲安那博來所生）舊教徒反對之，得西班牙之助，欲擁蘇格蘭王馬利，馬利卒爲愛利陪所殺，迨英西大海戰以還，而舊教之勢力遂墮。

法王佛蘭昔一世等，本與德國之新教徒通聲氣，蓋藉以抗德帝也。而對於自己境內之新教徒，則待遇頗酷。即人文學派之健者，亦僅以文學侍從之故，或特受保護，然有時且不能安居，以至於爲流浪生活，時加耳文派教徒名曰「優格拿」Hŭgŭenots盛行於法之南部。其中有學者，有貴族，有實業家，不以政府之壓迫爲事，熱心信道，其勢頗盛。迨加耳九世Charles IX以冲齡踐阼，母后聽政，對於新教徒，稍持寬大主義，然其原因乃不在教旨。蓋王后忌基斯公爵Duc de Guise之權重，乃聯新教徒以抵抗之。新舊兩派既各有其後勁，而競爭乃日烈。遂有所謂優格拿之亂者，諸外國競相干涉，英王則助新，西班牙則助舊，擾擾者乃及數年。

加耳九世憤西班牙之干涉，舉新教徒首領哥利尼Admiral Coligny爲首相，且以其妹嫁新教徒所奉之王室支派蒲蓬家，Bourbon且與荷蘭同盟，備與西班牙開戰。然母后又忌哥利尼之專權，欲暗殺之，不成，新教徒則大譁，索主謀者，后益怒且懼，遂轉與舊教徒同謀，迫王署虐殺新教徒之令。此所謂聖巴德洛廡夜之虐殺The Massacre of St. Bartholomue's nicht 全國新教徒之死者，凡三萬人。迨蒲蓬家，亨利四世卽位，於千五百九十八年，乃布所謂能脫令 Edicts de nautes 者，始許新教以自由。學校法院等，新舊教有同等之權利，有集會之權利，而兩教之紛爭稍定。

英國爲調和的改革，法國爲互爭的騷擾，而德國則以統一之事業未成，各國藉宗教問題之名，各欲發展其權利，遂以成三十年之戰役。全德之元氣爲之大傷，其損傷經百年而始恢復，其結果，政治上，則各聯邦各自獨立，而所謂神聖同盟帝國者，遂爲事實上之解散。於宗教上，則確立新舊兩教得同等之待遇權利是也。其間以戰爭故，而雙方殘酷之性，復現。舊教之攻新教也，以焚書爲事；新教之攻舊教也，以毀壞文藝復興之美術品爲事。而兩者各極其敝矣。

方舊教之敝而新教之興也，舊教爲因習，新教爲獨倡，自歷史之演進言，則新教之勢力，必日侵舊教而代之勢也。然新教發展之後，不能利用其長於建設。而舊教轉盡全力以革其弊，卒以得全，於是舊勢復振，而新舊遂成對抗之勢。是中消息固有可以研究者焉。

諸宗改革之祖，其主觀皆至強固，蓋舉千年來習爲神聖之習慣，而一旦破棄之，自非主觀極強之人，安能爲此。然因此而奏破壞之功而建設之困難，亦卽在是則以各宗主觀之不同，而內部之軋礫日甚也。其間自信之強，與度量之窄，尤以路德爲代表人物。愛拉司人文派之首領也，其攻擊舊教之文章，深入人心，其「復歸於耶穌」之主義，實爲新宗之福音。而路德則以手段不同，(愛拉司比較屬緩進派)而詈之爲「所有宗教之敵。」然猶曰，人文派與宗教關係較薄也。乃司文格則亦宗教改革之健將也，卒以麵包問題而起極激烈之論爭，乃迄於個人情感，(麵包問題者，卽聖餐式之麵包，路德宗舊說，承認麵包爲耶穌之肉，而司文格則認爲不過一種紀念。比之爲惡魔，喻之以毒蛇，不幾其過甚矣乎。

故當時對於舊教之儀式典禮之攻擊，雖異口同音，及其欲自己制定典禮則議論百出各是其是確執不相下而至於爭意見鬧感情而轉使舊教占漁人之利。如奥斯堡宗教和議，路德派對於加耳文派執冷淡之態度，路德派得信仰之自由，而加耳文派則獨否，是其例也。新教之儀式至簡易，故北人喜之，而南人則否，蓋感情民族中儀式之莊嚴華美，實於宏通之效，大有影響，故英人有調和之法，而南方拉丁系之民族，如西班牙等，則仍信舊教不衰。觀於舊教之復興，——卽至今日歐洲政治上之王室首領已僅保殘喘而宗教上之首領猶得擁虛名以自固——乃知天下無不可挽之局勢無不可改之弊政也亦視乎人而已矣。

當路德改教時，教皇左右，卽有一部分結合，討論舊教改良方法，其名曰聖愛會 Lamaur divin 幷欲與路德調和，千五百四十一年開會，聚新舊兩方討論之，大致意見相同，惟相差有三點，（一）教士娶妻（二）廢彌撒祭（三）廢聖卒以不合而散，嗣後人知新舊之終不可合，於是着手改革，遂廢種種歛錢諸弊制。

教皇之提倡文藝復興也，本含有政治性質，蓋中世紀宗教統一之勢衰，欲以古羅馬政治統一精神，再造歐洲之一統，而不知提倡美術，崇拜自然，適以自劃其教義也。迄路德之興，始悟其非，然窮奢極慾之風，既自教皇始，則改革事業，亦必自教廷始。

於是有繼來翁十世而起者，有哈德林五世，迄日比牙五世，(Pie V) 則力反前行，倡節儉，崇苦行，赤足行於羅馬道上，爲乞丐的生活，而各大修道院，亦各改其律，中以弗蘭昔司教會爲首，信讖悔可以金錢代者，實始於十一世紀時西門派教會，同時有克呂尼派（Cluny）則大反對之，是派規律森嚴，力倡苦行，至十三世紀，有乞食派，亦主苦行，是派又分、二、宗、曰弗蘭昔司派，曰途、迷、納、庚、派、當教皇格來姆七世 Clément VII 時，弗蘭昔司派，又分一支流，曰甲必聖Capŭcins 主張經營社會事業，與人民接近。

自千五百二十四年，迄千六百四十一年，新派之興者，凡十有五。蓋亦環、境、所、迫、而自身不能不蛻變以順應時勢也。其重要者，有載亞丹派倡之者爲加拉弗，主張生活之單簡與純潔，其教士俱用白履，以象徵其所信。惟其教僅流布於伊大利。千五百六十四年有聖弗烈納利者 St. Philippe de Neü 倡雄辯派，以慈善教育爲主，大學問家，俱從此出。十六世紀爲舊教復興時代，其間「聖人」Saint 代興，（其名略不記）而最重要之人物，爲聖依克那司 St. Ignace de Recalde 人稱爲洛欲拉 Royola 則耶穌會之倡始者。舊教得中興以保存其勢力者實此會之功，無此會則教皇地位，決不能維持迄現在也。

洛欲拉爲西班牙王之第八子，初爲王之侍從武官。西法之戰，受傷而跛。當其養傷時，讀書頗多，而羨弗蘭昔訶及途迷納庚之爲人，受其神祕主義之影響，欲效其爲人。傷之愈也，供其武器於教堂，朝聖陵，自誓爲耶穌之戰士。歸復讀書，以途迷納庚爲極大學問家，不見容於政府，驅之出境，至巴黎復求學，在蒙旦學校 College de Montaigne 者六年，與加耳文交。千五百三十四年，爲巴黎大學之博士。當其求學時，已傳佈其主義，得同志者七人。千五百三十四年八月十五，在蒙馬脫聖母堂 La Chapelle Notre Dame de Montmatre 內，宣誓以感化回教及異教者自任，是爲耶穌會之起點。

二年後，又朝聖陵，欲傳其教於回人也。中途聞羅馬有新十字軍之舉，遂歸羅馬，千五百三十七年十月，七人遂改名曰耶穌會 Compange de Jésus 名曰會，實含有軍隊之意也。後三年，教皇保羅三世乃承認之，至尤利三世 Jūles III 則更獎勵之，予以便利十條，會遂日昌。

耶穌會之宗教事業，一以軍人精神行之。洛氏有言「世界者上帝與魔鬼之永久戰爭也，故爲上帝戰，爲人生莫大之光榮。彼自認爲上帝之軍人，故以 A. M. D. G. 四字爲記號。拉丁文爲 Ad Majorem Dei Glorian.

耶穌會之部勒，一切以軍法，與別種修道院不同，其冒險忍苦之精神甚著，其首領似專制君主，其下各有部，部各有長，階級極嚴，以相統率。故普通僧人，須宣誓三，曰受苦，曰貞節，曰慈悲，而耶穌會則加一條曰服從教皇。

其進會及修道時間方法，亦甚特別，其法每日以、五、小時、默思、俾得觀想宗教之真，在修道院功課畢後，須爲無錢、旅行、更須爲、僕入病院爲、看、護人、修行期共爲十六、年、始能宣誓入會爲會員。其宗旨在嚴格鍛練其精神及體魄，洛氏謂磨、折、身體、如屍、而人、始能、復、活。以前之途迷納庚及弗蘭昔司派，已漸與一般社會接近，惟其衣服尚特別，耶穌會人，則極端無居鄉者。其服裝與普通人同，惟領較高耳，其宗旨在感化上流社會人，以懷疑、思想、出於上流、社會、居多、也其實在事業：

(一)說教　(二)懺悔　(三)精神生活之指示　(四)教育

(五)著書

規則之嚴，莫與倫比，而發展則甚速，千五百四十年僅十人，迄五百五、六年（洛氏死時）有千五百人，此千五百人部勒爲十二隊，有六十八機關，中國日本各有其一。

耶穌會極注意教育事業，千五百五十六年，時已有三十六學校，六千餘學生，多收新教之貴族子弟，因功課教育極佳，故新教之上等社會人，俱願送其子弟入學，然耶穌會目的，則一在藉其子弟以感化其父兄，一則利用其少年予以一種信仰之基礎，其成效極大，德之南部及比國，俱受其影響，迄今仍守舊教，此亦可見其作戰方略之巧妙也。

耶穌會視學校爲信仰之要塞。而對於德國尤爲注意。千五百五十一年，立維也納學校，五十五年，立伯拉格學校，五十六年，立恩格市學校。College Vienn, College de Praque, et d'Ingolstadt.

其勢力在法國較小，千五百六十四年，始入巴黎，倡一學校，迄今爲全法國第一大中學 Le collège de Clément 在今爲 Lycie Luis le Grand 耶穌會教育事業之影響於法國則甚大，學校之分班，給獎，編製教科書等制度，均由該會之學校倡之，迄今風行世界矣，其教育目的在品性、及、知識、之、陶、冶其功課為拉丁文及算學，現今大學分文理二科者，蓋猶沿此制也。

懺悔事業，亦耶穌會所注重。因教士均有學問，通人情、禮、貌、修詞均極佳，故人羣趨之，乃至良心問題，亦有就正於教士者，因此人多攻擊之。西班牙一審判官以兩造俱理直，而一造肯送賄，乃以之詢之教士，謂可否直其送錢者，

耶穌會無國界，故各國政府多反對之。有驅之，有虐待之者，其實該會，藉其祕密團結之力，頗陰、與、時、政、故遭忌、獨盛、也、歸潛記有記耶穌會之組織及陰謀者，茲摘錄為參攷，

會中以、教、皇、為、一、統、之、君、分地球、各、國、為、數、省、省立一長，省長中公舉一人為會長，權幾埒於教皇，左右置輔相四人，每省又分為數堂，堂立

一長。堂長又分遣數人爲教長。每七日教長堂長均臚陳逐日所行事於省長，不得以無事曠。省長每月書答亦如之。各省長又月報所行事於會長，各教長堂長亦三日一報，逕達會長，恐省長之惰也，會長詳敍各長之出身，才具，學術，及歷來行事於册，備因事任使。……會中防範綦嚴，卽斷養卒亦必用久在會中之人，方洛氏死時，入會者千餘人，而設四誓預祕謀者不過三十五人，分地球爲十四省，建院百所，德帝，葡萄牙王族，巴威耳公，均助以鉅貲，時歐洲人民，多信新教，君主多信舊教，會中意尤在收君主之心，謂姑先伸君權以抑民，然後再伸教權以抑君，而天下大權盡歸教中掌握矣。各國君主左右，無不有會中人時監察之，使君主日以所犯罪惡自陳，（卽懺悔事業）一千六百十六年，會勢益盛，分地球爲三十九省，入會者千五百九十三人，建大學四百六十七所。立傳教根據地六十三，（徐家滙卽其一）置產貿易徧天下，法王亨利三世四世均爲所暗殺法人惡而逐之，但不久復歸。三十年戰爭時，舊教各國亦厭兵，而會中人實有所持而促之者，舊教有將軍瓦連士典 Wallenstein 名將也，抱統一德國意，亦有息戰議，會中遣人刺殺之，凡所陰謀，有法人柏斯克爾敍述成書傳也。

耶穌會成功，尤在南美與亞洲，南美且以宗教故，自立一國，有教士在印度倡一學校，爲東方各校之模範地。各教會至印度，皆傳道於下流社會，而耶穌會則傳道於婆羅門。

在亞洲以科學醫學爲武器而占勢力故當時頗有上流社會信之者。而別派妬之，勸教皇更派別派往，手段品性俱不佳，遂發生種種衝突。

教皇既有耶穌會傾其全力以保護之。而同時舊教教義，亦大有所改革。其關鍵爲脫朗得大會。Cancile de Trente 當路德之反抗舊教也，新教諸侯主張開大會以決之，定千五百二十二年開會，而是時戰事疊興，延至四十五年始開。時新教勢力已大盛，故不肯出席，列會二百五十人，皆宗舊教者也。大多數爲伊德二國人，中復以戰爭停滯十八年，其會議結果，則維持教皇而改革義律。

關於教義者、（以新教不出席故全場排斥新教）聖經以四世紀時聖葉洛姆 St. Jerôme 自希臘文譯成拉丁文者爲定本。註釋繼續有效。祈禱仍用拉丁文。彌撒及聖餐等儀節，均從新認定之。集各教義爲脫朗得大會信仰之表示，宣布於各君主，各君主均承認之。

關於教律者，則有學校制度，教正駐在地，及年歲限制，強迫用拉丁文等條例。而各君主多不以爲然。能實行者，僅伊大利及奧大利耳。

脫朗得大會，以其決議案送之教皇，中古時代，大會所決議者，不必經教皇認可，以爲大會之權在教皇上而此會則承認教皇爲最高主體，亦舊教自固之一策也。

要之新教以主義勝，而建設時多意見。舊教以紀律勝，能自革其弊。故新舊兩教卒卓然對立，然亦原於民族、以、環境、之故、好尙、趣味、各有、不同、而信仰亦隨之以變也。

第九章　結論　文藝復興之結束

文藝復興之運動，至何時止?史家亦不得斷言之矣。蓋立義之範圍有大小，則時代之區劃亦各有其不同。然其大較可得而分言之者有三義:

(一)自伊大利之發祥地言，卽就文藝之至小範圍言，則當以羅、馬、大掠、爲文藝復興衰歇之期。

(二)自全歐之文學美術方面言，則當以文學古、典派、之成立Classique爲文藝復興之蛻化反動期。

(三)自人類之思想文化全體言，則當以法國大革命爲文藝復興潮流之一大段落。

今試略論其大綱，以爲本文之收束，伊大利之文藝發展，始於各州而最後則集中於羅馬則教皇以大力提倡之功也。而極盛期乃在來翁十世迨宗教改革之反動起，教皇漸悟其失策，來翁十世既卒，繼之者爲哈德林六世 Hadrian VI 哈德林者，荷蘭人也。在羅馬人目光中，則日耳曼—野蠻人—也。則力反來翁之所爲。黜華奢，尙儉樸，視美術文學，不惟爲不足道，且以爲與教宗有害。而羅馬—全伊大利—之人文派，則羣起而譏之。於其卒也，乃飾其醫生之門以爲祝，文藝復興之勢，稍稍衰矣。

及格來孟七世 Clement VII 卽位，而人文派有復振之機，乃不知因此轉成大亂也。格來孟系出梅提西，則固佛洛蘭市提倡美術之名門也，時人固以爲梅提西精神尙在，而向之爲日耳曼人所蹂躪而衰落之學術，當因此而復振也。格來孟冏有此志，然其政略作用，則大絀。卒與德帝起衝突，而德帝則乘巴維亞 Pavia 之勝，侵入伊大利，遂大掠羅馬，而二百年來文化之花，遂爲極野蠻之暴雨狂風而零落，嗚呼亦可傷已。

千五百二十七年五月六日，侵掠軍入羅馬，市民之死於是難者凡六千人。全市各寺院各宮，無不遭刼，一部竟付諸大火。而學問家，美術家，均以是難而星散，不可復合。人文派首領愛拉司姆曾嘆息道之曰，「羅馬之亡，非羅馬市民，伊大利人民之損失，而全人類之損失也」可謂極其婉惜之致矣。

自是以還，伊大利文明遂以消歇，而不復振。外在之原因，則政局之複雜，異族之壓迫，實有以致之，而內在原因，則亦復古之流弊也。伊大利之復古，多模仿性（參照一三兩章）而文藝復興時代諸大藝術家，超倫絕羣之作，有足以使後人起畏葸心者，故官學派 Academie 興，孳孳於前人之技巧，而不能求之於自然之活潑天地中，卒喪失其獨創之力，沉淪迄數百年之久也。

伊大利之文化，既遭兵燹而衰，而日耳曼之人文運動，初則逆入於宗教改革，再轉而入宗教戰爭，三十年之役，人民救死之不暇，遑言文化乎。一戰之傷，元氣可以迄百年而不復，甚矣兵之禍人也。迄十八世紀之中年乃有所謂新人文派者，其實名曰新，而在德國，不過爲愛拉司姆勒許林之繼承者耳，其首領則溫格孟其人是也。Winckelmann 少年苦學得保護者，始獲遊羅馬。千七百六十四年，著古代美術史，始著名，其史名曰美術，實一文明史也。且以爲希臘文化當取之以爲孕育新文明之助，而不當從事於模倣。此後時德國古典派巨宗，瞿提實本此精神，開日耳曼文明之局。瞿提之旅行伊大利亦文明史上一大事實也，故德國文藝復興，自勒許林在羅馬聽拉丁文講義之日起，迄福斯得與希拉納結婚生子之日止，始告一段落。（瞿提福斯得 Faust 戲曲第二集中之假想的事實也。希拉納 Helène 希臘之美人，福斯得藉魔力招其魂，覩其美，遂與結婚生子，人謂此瞿提言德國文明與希臘文明合化之象徵）以兵燹故，伊既早衰，德復緩進。而當時之幸運者，則獨有一法國。法於是時，內政既修，禍亦不及，故當其初，雖不能盡調和南北之大任，而及其後則獨能紹文藝復興之統，使之爲秩序的發展，故論十七十八世紀之文明者，必以法國爲中心也。

法人富於情，而同時又長於知。文藝復興之弊也，現世，享樂，物質，個人，主義大盛，而放僻，驕奢，殘忍，陰險等惡德，相隨而來。莎士比亞文集中之依耶哥非理想的，當時蓋實有此徒也。德人重志意，故宗教改革者路德之攻擊克之以志意者也。而法人則長於理知，故蒙旦進之以中庸。之。說。則爲相對。的。調。和。導之以。理。性。者。也。於是理性與感情，求其得平均之致，而成法國之古典派文學。故文藝復興諸思潮中，獨重智、一、端，其流較諸自他各種，爲深、爲闊、而復古之順序，昔之由拉丁而進、求、希臘、者、今乃退轉焉自希臘而變爲拉丁化。當時博學者司加利其 Julis César Scoliger 著詩學，且公然言羅馬詩人，較希臘詩人爲上。蓋拉丁文以莊重洗練明晰嚴肅見長。與主、智、主、義、適相吻合也。而其內在之精神，則在明識而得事物之、中、正、所謂常。識。者是也。

自古典主義之極盛，而習慣先例儀式之風熾，理智之過也。則情感自不能稍抑，而反動繼之，則有浪漫派，則主情者也。再過再轉而有寫實派，有新浪漫派，同時於美術則有官學派而轉入印象派，有若波浪然，成一起一伏之形。亦自然之勢，不能免者也。

故自文藝上言，則以各國古典派之成立，爲文藝復興潮流之一段落，亦區劃上之正當者也。

人類曷爲而有復古運動？曰對於現狀求解放也。復古者，解放之一種手段也。人類對於現狀則曷爲而求解放？曰以其有所不足，而思改造之也。解放者，改造之先聲也。雖然此不足之原因又何在？則個性是已。個性之於環境也，時時有衝突，時時求調和，此衝突調和之史，實則名之曰文化。是故文藝復興也，宗教改革也，其根本之精神實發生於個性之自動，而中古時代之團體生活，犧牲精神，至是乃告一段落。

個性之流，滔滔焉迄於今未有已。而求之歷史上之最高潮則法國革命是已。曰自由，所以明個性之內質也。曰平等，所以明個性之外延也。曰博愛，所以律個性與個性之關係也。法國革命者，自思想自由而入於行爲自由之第一步也。自是以還，雖有國家主義之發生，於個性發展上，不無影響，然層層鐵甲，終不足以抗歷史之大潮，歐戰之與，聯軍之所以制勝之主因則此個、性之勢、力爲之也。故就人類全體之文化言，則當以法國革命爲文藝復興潮流之最後段落。蓋自行爲之自由發其端，而世界乃別開生面矣。讀者於此書中，當曾發見瘋、狗、二字，此則於近世史上，當特別注意者也。法國革命求政、治、組織、之、改、革、政治上之自由也。今當進、求、經濟、組、織、之、改、革、矣而其源實遠發、自、宗、教、改、革、時、之、德、國、農、民。吾今舉當時農民之言，以爲吾書之殿。

亞當耕，夏哇織，

於斯時也，誰爲農民？誰爲貴族？

一切衆生，平等無差別！

民國九年十二月五日初雪於北京完稿

蔣方震

中華民國十年四月初版

(歐洲文藝復興史一冊)
(每冊定價大洋伍角伍分)
(外埠酌加運費匯費)

著者 蔣方震

發行者 商務印書館

印刷所 商務印書館 上海北河南路北首寶山路

總發行所 商務印書館 上海棋盤街中市

分售處 商務印書館
北京 天津 保定 奉天 吉林 龍江
濟南 太原 開封 洛陽 西安 南京
杭州 蘭谿 安慶 蕪湖 南昌 漢口
長沙 常德 衡州 成都 重慶 瀘縣
福州 廣州 潮州 香港 桂林 梧州
雲南 貴陽 張家口 新嘉坡

三四五五丁